c'est la vie

second edition

PAUL PIMSLEUR

State University of New York, Albany

c'est la vie

second edition

 HARCOURT BRACE JOVANOVICH, INC.

New York / Chicago / San Francisco / Atlanta

acknowledgments

The editor wishes to thank the following for kind permission to adapt and reprint copyrighted material:

Agence Rapho, Paris, for « Antoine de Saint-Exupéry », from *Marie-France.*
Agence *TOP,* Paris, for « Carnac », and « Testez votre patience », from *TOP.*
Chanel, Neuilly-sur-Seine, for « Du parfum pour les hommes », from *le Nouvel Observateur.*
L'Express, Paris, for « Safaris-dimanches pour les Parisiens », « La première femme-pilote », « L'acteur que les Français préfèrent », « Les Français et le vin », « Le vol de « la Joconde », « Deux monuments célèbres », « L'argent de poche », « Les Français et le sport », « Les quatorze heures du Dr Benjamin », Paris-Lyons-Paris », and « Trois semaines à Prisunic ».
Le Figaro, Paris, for « Les plaisirs du camping », from *le Figaro Littéraire.*
France Éditions et Publications, Paris, for « Le courrier du cœur », « Les petits pots », « La galanterie dans le métro », and « Être étudiant : un métier difficile », from *Elle.*
Le Monde, Paris, for « Les touristes mal informés ».
Le Nouvel Observateur, Paris, for « Quatre espions et une blonde », « Les petits pots », « Fumez-vous ? », « Les femmes sans nom », and « Comment trouver un appartement ».
Paris Match, Paris, for « Taxi ! Taxi ! », « Les derniers Saint Bernard », « Deux Monuments célèbres », « Le beau dimanche de Chico », and « François Michelin, Auvergnat ».
La Presse, Montréal, for « La rotation des pneus ».
Réalités, Paris, for « Quatre élèves qui n'ont pas résussi au « bachot ».
Le Soleil, Québec, for « L'homme le plus fort ».

Picture credits and copyright acknowledgments are on page 206.

to my mother

preface

The purpose of this second edition remains the same as that of the first: to enable students to read French early — not just to stumble and to decipher, but to really *read,* for fun and information, as soon as they have acquired a rudimentary vocabulary and some elementary grammar.

Magazine articles are ideal for this purpose since they are written to seize and hold the reader's interest. The articles in this book have been culled from widely read French magazines like *l'Express* and *Paris Match.* They reveal a great deal, both in and between the lines, about the attitudes, the traditions, and the thoughts of French people today.

Most magazine articles are far too difficult for beginning students to read. For this reason, the selections have been carefully adapted — difficult words and constructions simplified, and complex passages modified or dropped — so that a beginner can read them with interest and with a sense of growing fluency.

These adapted and graded selections will help students to move away from deciphering contrived passages in textbooks toward reading standard French. By their subject matter and language, which are resolutely contemporary, these articles offer an exciting glimpse of the vigor and diversity of French life today.

Paul Pimsleur

contents

première partie

deuxième partie

troisième partie

introduction

When students begin to read French, they stumble along painfully for a time as they decipher one word after another and verify their understanding by translating frequently into English. With continued practice they pick up speed and confidence and begin to read in thought-groups instead of word by word. Gradually their need for the reassurance of English decreases.

How quickly and painlessly students progress depends largely on the difficulty and intrinsic interest of the material they are given to read. Reading matter that is too difficult forces them to halt repeatedly to look up words and reinforces their dependence on English. Dull reading matter makes the effort required to read it seem pointless.

To capture and hold the interest of beginning students, we turned to the liveliest French periodicals for articles written with a journalistic flair. Some three dozen articles have been selected for their content, their humor, and their ability to provoke classroom discussion. Our experience with the first edition of this reader has allowed us to retain only the most effective selections in this edition and to add a dozen new ones. The selections are all relatively short — 65 to 962 words — in keeping with the short attention span of students for whom reading French is hard work.

Fluency is our main goal, and we have taken care to eliminate all obstacles that hinder the flow of meaning. For the most part, the selections contain easy and familiar words and structures. The few difficult words that were unavoidable have been strictly rationed (no more than one in forty words of text) and are defined in the margin when they first appear. The vocabulary, grammar, length, and complexity of the selections have been graded throughout the book to ensure orderly progress. Students who start with very little knowledge of French should be prepared to go on to other, more complicated forms of written expression by the time they have completed the book.

The following pages explain how the vocabulary and grammar have been treated and how the exercises may be used to teach reading in an atmosphere of lively oral give-and-take.

Vocabulary

The vocabulary in six widely used beginning French textbooks was correlated with the *Français fondamental* (Ministère de l'Éducation Nationale, Paris, 1959). The results revealed that there are approximately 750 words they have in common. These words form the basis of the **première partie.** Approximately 250 of them are unmistakable English cognates (*direction, effort,* and so on). Thus, the burden of new vocabulary in the **première partie** is 500 of the most common noncognate words of French. Many of these may already be familiar to students when they start to read this book. If not, no matter: a complete French-English vocabulary can be found at the back of the book.

The **deuxième partie** makes free use of an additional 750 words — the remainder of the *Français fondamental.* Again, about 250 of these are cognates. An advantage of using the *Français fondamental* is to correct the vocabulary bias of American textbooks which often fail to include important practical words. *Nettoyer, déranger,* and *cuire,* for example, are on the French list but are not found in most textbooks.

In practical terms, the instructor can explain to the students that this book has been carefully edited to include only important vocabulary and that any unglossed word they encounter in these selections is a word well worth their effort to learn and remember.

The **troisième partie** introduces no new vocabulary. Rather, the 1500-word vocabulary of the first two parts is utilized in longer, more complex, and more mature selections.

Grammar

The order of selections within each part is based largely on grammar, with verb tenses as the main consideration. Here is an outline of the order in which verb tenses appear; instructors may wish to use it to coordinate the readings with other class activities, especially the teaching of grammar.

première partie
Selections 1 to 3 contain only the present and *passé composé;*
Selections 4 to 6 add the future;
Selections 7 and 8 add the imperfect and pluperfect;
Selections 9 and 10 introduce the conditional.

deuxième partie
Selections 11 through 16 contain mainly the present and *passé composé;*
Selections 17 through 23 also contain the imperfect and future.

troisième partie
Selections 24 through 36 also contain the conditional and a very limited number of present subjunctives.

Compound tenses (pluperfect, future perfect, and so on) are used sparingly and only after the corresponding simple tenses have been introduced. As for other grammatical features, only those appropriate to the students' level of reading ability were included. For example, the pronouns *y* and *en,* notorious troublemakers, do not appear until midway through the **première partie.**

As for syntax, journalistic style is often replete with compressions and imbedding which make reading difficult. These have been simplified as much as possible without losing the punch and flavor of the original.

Length

For the convenience of instructors who may wish to choose an article to fit the available classtime, the length of each selection is listed below.

SELECTION NUMBER AND TITLE	NUMBER OF WORDS
1 Taxi ! Taxi !	363
2 Safaris-dimanches pour les Parisiens	301
3 Quatre espions et une blonde	252
4 « Le courrier du cœur »	336
5 La première femme-pilote	162
6 Les petits pots	221 / 195
7 L'acteur que les Français préfèrent	219
8 L'homme le plus fort	485
9 Les touristes mal informés	313
10 Scène sur la plage	144
11 Les derniers Saint Bernard	250
12 Les Français et le vin	156
13 L'artiste n'a pas de chance	65
14 Le vol de « la Joconde »	621
15 Regardez-vous...	141
16 Fumez-vous ?	67
17 Deux monuments célèbres	233 / 261
18 Les femmes sans nom	318
19 Du parfum pour les hommes	198
20 Le beau dimanche de Chico	248
21 Antoine de Saint-Exupéry	333
22 Carnac	275
23 Les plaisirs du camping	391
24 Dessin de Sempé	
25 La galanterie dans le métro	526
26 Testez votre patience	423
27 Être étudiant : un métier difficile	694
28 Une journée de la famille Durand	352
29 François Michelin, Auvergnat / La Rotation des pneus	520 / 222
30 L'argent de poche	407
31 Les Français et le sport	369
32 Quatre élèves qui n'ont pas réussi au « bachot »	524
33 Les quatorze heures du Dr Benjamin	962
34 Comment trouver un appartement	473
35 Paris-Lyon-Paris	827
36 Trois semaines à Prisunic	898

Exercises

To focus attention on the readings themselves, the exercises that follow each article have been kept short, lively, and varied. They are quite adequate, however, to fill the class hour with purposeful activity.

Certain exercises concentrate on vocabulary, others on useful expressions and constructions, and still others on comprehension and inference. The emphasis shifts gradually from the receptive to the productive skills.

While most exercises can be done either orally or in writing, we recommend that priority be given to oral skills at this early stage and that writing be confined to tightly controlled exercises that do not require more of the beginning students than they can reasonably produce. The exercises are all designed to elicit lively oral exchanges in the classroom.

Each exercise can be done in a number of ways, and some require more knowledge of French than others. Much depends on the instructor's perception of the class's ability. We shall indicate here a few possibilities; experienced teachers will be quick to think of others.

Synonymes and *Antonymes*

These exercises ask the student to find a word or phrase in the text that means the same as (or opposite of) a given word or phrase. For example, in Selection 1:

> *Trouvez un synonyme.*
> **Il a peur *du test.***

The student is expected to say *Il a peur de l'examen,* because *examen* was used and defined in the article. The student should respond with the entire sentence, not just the word in question, and should avoid placing unnatural stress on the replaced word.

At the instructor's discretion, students may look back at the article to find the answer, but in most cases memory should suffice. Frequent page shuffling wastes time and should be avoided.

Variant 1: For extra speaking practice, longer answers can be elicited, such as: « *Il a peur du test* » *veut dire la même chose que* « *Il a peur de l'examen* ».

Variant 2: One student asks, *Hélène, peux-tu trouver un synonyme pour* « *Il a peur du test* » *?* Another student (Hélène) answers: *Oui,* « *il a peur de l'examen* » *a le même sens que* « *Il a peur du test* ».

Tournures

Several *Tournure* exercises follow each selection. Their purpose is to single out certain expressions and constructions for additional drill. In Selection 3, for example, the construction *ni... ni...* is practiced as follows:

> **Il doit être russe ou américain.** → **Non, il n'est ni russe ni américain.**

1. Il doit être anglais ou allemand.
2. Il doit être français ou russe.
3. Il doit être espagnol ou américain.
4. Il doit être anglais ou russe.
5. Il doit être allemand ou français.

These exercises are pattern drills, to be done with books closed or at most glanced at when sentences are especially long. The instructor (or a designated student) gives the stimulus, and the whole class gives the response. Alternatively, individual students are called on to respond, depending on how difficult the class finds a particular drill. The instructor listens not only for the correct construction, but for accurate pronunciation and intonation. Unnatural emphasis on the particular words being drilled should be avoided in favor of natural conversation-like responses.

Vrai ou faux ? and Questions

Every selection is followed by one or both of these exercises which check whether the students have understood what they have read. The *Vrai ou faux ?* exercises are easier than the *Questions*; instructors may wish to do one or the other, rather than both.

In Selection 6, the first *Vrai ou faux ?* item states: *Le jus d'orange est riche en vitamine C.* This is true according to the article, so the student might respond: *C'est vrai,* or *C'est juste,* or *En effet, le jus d'orange est très riche en vitamine C.* The next statement is false according to the article: *En hiver on trouve peu de conserves.* To this the student might say: *Non, c'est faux,* or *Ce n'est pas vrai,* or *On trouve beaucoup de conserves, même en hiver.*

The complexity of the responses will obviously depend on the class's level of ability and on the expectations of the instructor. Different students can answer the same question in different ways, thus allowing additional opportunities for speaking practice.

Points de vue and Discutons

These exercises give students an opportunity to express their own reactions and opinions which have been stimulated by controversial questions and provocative statements, such as *La galanterie est une arme antiféministe* (Selection 25). A lively discussion can be one of the most exciting class activities; it must be guided judiciously by the instructor, however, as students' ideas tend to run far ahead of their French.

These exercises can be done in writing as well as orally. The best procedure is to allow ample oral discussion of a topic before assigning it as a composition, letter, or dialogue, so that students can work out their ideas and develop their arguments before meeting the added problems of spelling and punctuation that writing entails.

première partie

1

Taxi ! Taxi !

Il y a à peu près° quinze mille taxis à Paris. Est-ce peu ou beaucoup ?   approximativement

C'est peu : un taxi pour huit cents habitants n'est pas suffisant,° même si seulement 4 pour cent des Parisiens prennent régulièrement un taxi.   assez

Aujourd'hui, les taxis sont en difficulté. Entre deux mille et trois mille restent chaque jour au garage parce qu'ils n'ont pas de conducteur. On a baissé° récemment l'âge minimum des conducteurs de vingt et un à dix-neuf ans, mais les jeunes ne veulent pas devenir chauffeur de taxi.   diminué

Ils ont peur de l'examen.° Un candidat doit être capable de situer immédiatement près de huit cents rues et cent soixante-dix monuments. Et puis, il doit connaître parfaitement tous les règlements° qui le concernent. Voici quelques exemples.   test

code légal

Quinze taxis attendent en file. Est-on obligé de prendre le premier ?

Non. Le client est libre de choisir « son » taxi s'il a une préférence. Mais en général on prend le premier, car celui-ci attend depuis plus longtemps que les autres.

Si le client et le chauffeur ne sont pas d'accord sur le chemin° à suivre, qui doit avoir le dernier mot ?

route

Le client. Les chauffeurs doivent conduire les voyageurs à leur destination par le chemin le plus direct, sauf° si le passager lui dit de suivre un autre chemin. Le chauffeur peut suggérer un chemin qui est plus long mais plus rapide.

excepté

Le chauffeur peut-il refuser de prendre un client parce qu'il a trop bu ?

Oui. Les chauffeurs ne sont pas obligés de prendre les individus qui sont ivres.° Pour les gens ivres, la situation est inextricable. Ils ne peuvent pas conduire leur propre voiture, les taxis ne sont pas obligés de les prendre et à pied ils peuvent être arrêtés pour ivresse publique !

qui... qui ont trop bu

Le pourboire° est-il obligatoire ? Combien doit-on donner : 10 pour cent, 15 pour cent, ou ce qu'on veut ?

Le chauffeur ne peut pas demander un pourboire, mais il peut l'accepter. Généralement, on donne entre 10 pour cent et 20 pour cent.

argent qu'on donne pour un service

Un chauffeur peut-il refuser de prendre le chien d'un passager ?

Oui. Il n'est pas obligé de transporter un voyageur accompagné d'un animal. Et s'il accepte de le faire, il peut poser des conditions. Par exemple, si un client veut monter dans son taxi avec un chien énorme, il peut lui demander de payer pour son ami.

[363 MOTS]   Adaptation d'un article de *Paris Match*

exercices

Synonymes

> *Trouvez un synonyme.*
>
> **C'est un bon *conducteur*. → C'est un bon *chauffeur*.**

1. Il a peur *du test*.
2. Elle connaît *le chemin*.
3. Il m'a conduit ici. Je lui donne *de l'argent pour ce service*.
4. Ce monsieur *a trop bu*.
5. Le chauffeur a déjà deux *passagers*.

Antonymes

Trouvez un antonyme.

Il y a *beaucoup* de taxis. → Il y a *peu* de taxis.

1. Le taxi bleu est le *dernier* de la file.
2. Le pourboire est *insuffisant.*
3. Le chauffeur *refuse* de prendre le chien.
4. On a *augmenté* le nombre de taxis.
5. Suis-je *libre* de le prendre ?

Tournures

A *Suivez le modèle.*

Il *refuse de* devenir chauffeur de taxi. ↔ Il *ne veut pas* devenir chauffeur de taxi.

1. Il refuse de suivre ce chemin.
2. Il refuse de prendre ce client.
3. Elle ne veut pas prendre le taxi noir.
4. Il refuse de payer pour son chien.
5. Le chauffeur ne veut pas transporter le chien.
6. Les jeunes ne veulent pas devenir chauffeurs.
7. Ils refusent de préparer l'examen.
8. Les chauffeurs ne veulent pas transporter les clients ivres.

B *Suivez le modèle.*

Il *faut* connaître les règlements. ⟷
ÉTUDIANT(E) 1 : *On doit* connaître les règlements.
ÉTUDIANT(E) 2 : *On est obligé de* connaître les règlements.

1. Il faut se présenter à l'examen.
2. Il faut être bon conducteur.
3. Il faut prendre un taxi.
4. Il faut prendre le premier taxi.
5. Il faut donner un pourboire.

Vrai ou faux ?

Corrigez le sens (la signification) de la phrase, s'il est faux.

1. Les chauffeurs de taxi doivent prendre le chemin le plus direct.
2. Les chauffeurs de taxi doivent prendre les clients ivres.

3. Les chauffeurs de taxi sont obligés de transporter les chiens.
4. Les clients doivent prendre le premier taxi de la file.
5. Les clients sont obligés de donner un pourboire.

Questions

1. Les Parisiens prennent-ils souvent un taxi ?
2. Y a-t-il trop de taxis à Paris ?
3. Quel est l'âge minimum d'un chauffeur de taxi ?
4. Les chauffeurs sont-ils obligés de prendre les animaux ?
5. Combien donne-t-on comme pourboire en général ?

2   Safaris-dimanches
pour les Parisiens

Si un Parisien dit qu'il a vu un lion sur sa voiture, il faut le croire. La première réserve d'animaux africains en France est ouverte aux visiteurs. Elle se trouve au Château de Thoiry, près de Paris.

Cette réserve a été créée° par un jeune homme de vingt-quatre ans, Paul de La Panouse, fils d'une famille aristocratique. Sa famille habite un château° avec un grand parc, mais ils ne sont pas riches. Alors Paul a eu une idée : faire un zoo dans le parc de leur château. Sa famille lui a donné la permission, et le même été, il a ouvert le zoo. Mais il n'a pas mis les animaux dans des cages ; il les a laissés en semi-liberté dans le parc.

(participe passé de **créer**) faite, fondée

grande maison ; maison d'une famille noble

Ce zoo a eu beaucoup de succès, et Paul s'est demandé, « Pourquoi ne pas progresser de la semi-liberté à la liberté totale ? » Il a proposé à son père, « Faisons une réserve d'animaux africains. » C'est ce qu'ils ont fait.

La réserve est très grande avec beaucoup de place pour les animaux, un parking de deux mille places pour les visiteurs et cinq kilomètres° de route où quinze mille voitures peuvent circuler en même temps. On peut s'arrêter pour photographier, filmer et regarder les quatre cents animaux : des zèbres et des gazelles, des antilopes et des girafes, quatre éléphants, deux rhinocéros et des hyènes. Paul de La Panouse espère que tous ces animaux vivront° ensemble sans trop de difficultés. Les lions ne sont pas avec les autres ; ils sont trop sauvages.

Des employés en Land-Rover cherchent constamment° les gens qui sortent de leur voiture pour mieux regarder les animaux. Ce n'est pas permis, car c'est très dangereux.

cinq... un peu plus de trois *miles*

(futur de **vivre**) existeront, habiteront

tout le temps

Et les petits enfants, aiment-ils les safaris ? Pas du tout. Il faut les laisser à la maison, car ils mettent les animaux sauvages en appétit !°

ils... Les animaux ont faim quand ils voient les petits enfants.

[301 MOTS]   Adaptation d'un article de *l'Express*

exercices

Définitions

Trouvez le mot qui convient.

1. voyage pour voir des animaux africains : _____
2. endroit où l'on peut voir des animaux exotiques : _____
3. endroit où l'on peut mettre beaucoup de voitures : _____
4. voiture anglaise qui peut circuler sur toutes sortes de terrain : _____
5. grande maison à la campagne : _____

Tournures

A   **Un jeune homme a fondé cette réserve. → Cette réserve a été fondée par un jeune homme.**

1. Sa famille a donné la permission.
2. Paul de La Panouse a ouvert le zoo.
3. Les touristes ont regardé les animaux.
4. Les visiteurs ont photographié les lions.
5. Les employés ont libéré les animaux.

B   **Les visiteurs sortent de leur voiture ; ils regardent les animaux. → Les visiteurs sortent de leur voiture pour mieux regarder les animaux.**

1. Ils se promènent ; ils photographient les zèbres.
2. Ils vont à la réserve ; ils étudient les girafes.
3. Ils s'arrêtent ; ils voient les éléphants.
4. Les employés vont en Land-Rover ; ils cherchent les gens.
5. On laisse les enfants à la maison ; on les garde contre les animaux.

Résumé

Ajoutez les mots qui manquent pour faire un résumé du texte.

Près de Paris se trouve une réserve d'_____ africains. Elle est dans le _____ d'un château. Elle est très grande ; il y a assez de _____ pour tous les animaux. Ils y habitent en _____ totale. Seuls les lions ne sont pas avec les autres, parce qu'ils sont trop _____. Quinze mille voitures peuvent _____ sur les routes en même temps. On peut _____ les animaux, mais il ne faut pas _____ de la voiture. C'est très dangereux, surtout pour les _____.

Questions

1. Où peut-on voir des animaux africains en France ?
2. Qui a fait cette réserve ?
3. Où a-t-il fait le zoo ?
4. A-t-il mis les animaux dans des cages ?
5. Quel changement a-t-on fait plus tard ?
6. Pourquoi peut-on laisser les animaux en liberté totale ?
7. Quelles sortes d'animaux trouve-t-on dans la réserve ?
8. Pourquoi faut-il laisser les petits enfants à la maison ?

3   Quatre espions°

et une blonde

espions° personnes qui font de l'espionnage

Pouvez-vous trouver la solution à ce problème ?

Quatre espions sont dans un bar à Tahiti, en compagnie d'une jolie blonde.

Le premier espion explique, pour impressionner la blonde, le cricket qui est un jeu° anglais. Mais elle préfère le deuxième espion, qui lui parle de sa voiture de sport.

jeu° (du verbe **jouer**) Le football est un jeu ; le cricket aussi.

Le troisième espion écoute le premier espion avec beaucoup d'attention, parce qu'il ne comprend pas le jeu de cricket.

Le quatrième espion n'est pas content. Il veut vendre au troisième espion sa voiture spéciale, équipée de tous les « gadgets » d'espionnage, mais le troisième ne l'écoute pas.

problème

Ces quatre espions sont de quatre nationalités diffé-rentes : il y a un Russe, un Américain, un Anglais et un Allemand. Quelle est la nationalité du premier, du deuxième, du troisième, du quatrième ?

N'oubliez pas que l'espion anglais voyage seule-ment en taxi, que l'espion russe et l'espion américain ont étudié à Oxford et que l'espion russe déteste les blondes.

solution

Le troisième espion ne connaît pas du tout le cricket, qui est un jeu anglais. Donc, il ne peut pas être anglais. Il n'est ni russe ni américain,° parce que le Russe et l'Améri-cain ont étudié à Oxford et connaissent probablement le cricket. Alors, le troisième espion est allemand.

Le premier est anglais, parce que l'An-glais voyage en taxi... le deuxième et le quatrième ont des voitures.

Le deuxième n'est pas russe, parce qu'il veut impressionner la blonde et le Russe dé-teste les blondes. Il est donc américain. Et le quatrième doit être russe.

Êtes-vous d'accord ?°

Êtes-vous du même avis, de la même opinion ?

ni... ni Il n'est ni russe ni américain = Il n'est pas russe et il n'est pas américain.

[252 MOTS]   Adaptation d'un article du *Nouvel Observateur*

exercices

Adjectifs

Donnez le féminin de chacun de ces adjectifs.

espagnol → **espagnole**

1. anglais   2. américain   3. allemand   4. français   5. russe

Tournures

A   **Le troisième est allemand. → C'est un Allemand.**

1. Le premier est anglais.
2. Le deuxième est américain.
3. Le quatrième est russe.
4. L'espion est allemand.
5. La blonde est française.

B   **Il doit être russe ou américain. → Non, il n'est ni russe ni américain.**

1. Il doit être anglais ou allemand.
2. Il doit être français ou russe.
3. Elle doit être espagnole ou américaine.
4. Il doit être anglais ou russe.
5. Elle doit être allemande ou française.

C   **Le troisième espion ne connaît pas du tout le cricket. (anglais) → Il ne peut pas être anglais.**

1. Le deuxième espion ne connaît pas du tout la vodka. (russe)
2. Le premier espion ne connaît pas du tout le base-ball. (américain)
3. Le quatrième espion ne connaît pas du tout le rugby. (anglais)
4. Le troisième espion ne connaît pas du tout le football. (américain)
5. La blonde ne connaît pas du tout le caviar. (russe)

Questions

1. Où se trouvent les quatre espions ?
2. Quel jeu est-ce que le premier espion explique à la blonde ?
3. Pourquoi lui explique-t-il ce jeu ?
4. Pourquoi préfère-t-elle le deuxième espion ?
5. Qui ne comprend pas le jeu de cricket ?
6. Décrivez la voiture du quatrième espion.
7. De quelles nationalités sont les espions ?
8. Qui voyage seulement en taxi ?
9. Qui a étudié à Oxford ?
10. Qui déteste les blondes ?

4 « Le Courrier du Cœur »

On écoute toujours avec intérêt les problèmes des autres. Dans les journaux américains, on aime lire les lettres écrites à Ann Landers et les conseils qu'elle donne. En France, ces lettres s'appellent « le Courrier du Cœur », et les jeunes Français écrivent à Marcelle Ségal, de la revue *Elle*. En général, les jeunes filles écrivent plus souvent que les garçons. Mais voici la lettre d'un garçon qui a besoin de conseils.

Chère Marcelle Ségal,

    J'ai dix-sept ans et « elle », la jeune fille que j'aime, a seize ans. Quand nous sommes seuls, tout va bien. Mais quand son amie Jacqueline arrive, elle ne s'occupe° plus de moi, elle ne parle qu'avec son amie. Plus tard, elle regrette son erreur et me demande pardon. Mais le lendemain° elle fait la même chose. Qu'est-ce que je dois faire ? Je l'aime et elle m'aime.

                           Malheureux

fait attention à

le... le jour après

Voici la réponse de Marcelle Ségal :

La prochaine fois que cette amie Jacqueline arrive, parlez avec elle, flirtez avec elle, occupez-vous d'elle. Et racontez-moi ce qui arrive.

*   *   *

Les écoles qui sont uniquement pour les garçons ou uniquement pour les filles deviennent de plus en plus rares en France. Mais il en existe encore quelques-unes, surtout des collèges° privés. Une élève d'un de ces collèges écrit à Marcelle Ségal. Elle n'est pas contente.

écoles secondaires

Chère Marcelle Ségal,

Mon collège n'est pas mixte.° Je ne rencontre pratiquement que des filles. J'ai besoin d'amitié masculine et peut-être un peu plus... autrement dit, d'un flirt. J'ai 15 ans et du temps devant moi, c'est vrai. Mais attendre, toujours attendre... Un petit mot pour me réconforter,° s'il vous plaît.

pour garçons et filles

consoler

Marie

Marcelle Ségal répond :

Le voici. Vous n'attendrez pas bien longtemps, Marie. Il y a tant de garçons sur les plages qui n'attendent qu'un encouragement. Un regard, un sourire, et c'est fait ! Je vous fais confiance. « Ce que femme veut, Dieu le veut, » et ce que fille veut, elle ne laisse pas à Dieu le temps de le vouloir.

[336 MOTS]

exercices

Antonymes

Trouvez un antonyme.

Je *déteste* lire « le Courrier du Cœur ». → J'*adore* lire « le Courrier du Cœur ».

1. Marcelle Ségal *lit* beaucoup de lettres.
2. Elle *envoie* beaucoup de courrier.
3. Cette jeune fille a besoin d'amitié *féminine*.
4. Elle veut *moins* que l'amitié.
5. Elle a toute la vie *derrière* elle.

Tournures

A **La mère, les enfants → La mère s'occupe des enfants.**

1. Le journaliste, son article
2. Marcelle Ségal, le courrier du cœur
3. Le garçon, son amie
4. Le pilote, l'avion
5. Les jeunes filles, les garçons

B **Pourquoi ne le lui dites-vous pas ? → Dites-le-lui.**

1. Pourquoi ne le lui expliquez-vous pas ?
2. Pourquoi ne le lui racontez-vous pas ?
3. Pourquoi ne le lui donnez-vous pas ?
4. Pourquoi ne le lui demandez-vous pas ?
5. Pourquoi ne le lui montrez-vous pas ?

C **Les jeunes filles écrivent des lettres. → Les jeunes filles écrivent plus de lettres que les garçons.**

1. Les jeunes filles posent des questions.
2. Les jeunes filles demandent des conseils.
3. Les jeunes filles lisent des revues.
4. Les jeunes filles reçoivent des réponses.
5. Les jeunes filles voient des films.

Vrai ou faux ?

Corrigez le sens de la phrase, s'il est faux.

1. En France, si l'on a un problème sentimental, on peut demander des conseils à Marcelle Ségal.
2. On peut lire ses réponses dans le journal *Le Monde*.
3. Le garçon est malheureux parce que son amie ne s'occupe que de lui.
4. Son amie regrette toujours son erreur mais elle continue à faire la même chose.
5. « Malheureux » pense que son amie trouve Jacqueline plus intéressante que lui.
6. C'est une jeune fille qui écrit la deuxième lettre.
7. Le collège où elle fait ses études est mixte.
8. Elle écrit parce qu'elle est heureuse.
9. Elle n'aime pas les garçons.
10. Marcelle Ségal lui dit qu'il faut attendre encore longtemps.

Questions

1. A qui les jeunes Français demandent-ils des solutions à leurs problèmes sentimentaux ?
2. Qui écrit le plus souvent au « Courrier du Cœur », les garçons ou les jeunes filles ?
3. Quel est le problème du garçon ?
   a. Qu'est-ce qui arrive quand il est seul avec son amie ?
   b. Que fait son amie quand Jacqueline arrive ?
4. Qu'est-ce que Marcelle Ségal lui dit de faire ?
5. Quel est le problème de la jeune fille ?
6. Qu'est-ce que Marcelle Ségal lui dit de faire ?
7. Êtes-vous d'accord avec ce conseil ?

Points de vue

Répondez oralement ou par écrit.

1. A qui les jeunes Américains demandent-ils des solutions à leurs problèmes sentimentaux ? (Parents ? Amis ?)
2. Quelle est votre opinion des conseils d'Ann Landers ?
3. Est-ce que vous écoutez toujours avec intérêt les problèmes des autres ?
4. Pourquoi les jeunes filles écrivent-elles plus souvent que les garçons au « Courrier du Cœur » ? (Plus de problèmes ? Moins timides ?)
5. Ces deux lettres, sont-elles spécifiquement françaises ?

5

La première femme-pilote

En France, beaucoup de femmes travaillent. Mais par tradition certaines professions sont réservées exclusivement aux hommes. Voici comment la presse française a annoncé la première femme-pilote.

Paris, le 20 octobre —

    La Cie° française d'aviation Air-Inter a engagé Jacqueline Dubut, vingt-sept ans, comme co-pilote. Elle commencera son service à la fin du mois de janvier,

compagnie

sur la ligne Paris-Strasbourg.° C'est la première fois qu'une femme a été engagée comme co-pilote sur une ligne française régulière.

Mlle Dubut, qui est ingénieur en même temps que pilote, a fait dix ans d'études avant de pouvoir enfin devenir pilote professionnel.

Bientôt, la France n'aura pas assez de pilotes. La Compagnie Air France en emploie plus de cinq cents par exemple. Ce besoin rendra probablement plus facile l'entrée des femmes dans cette profession. C'est Mlle Dubut qui a donné l'exemple.

Note : dans un numéro plus récent de *l'Express,* on a lu...

Mariés : Jacqueline Dubut, vingt-neuf ans, co-pilote, et Gérard Camus, quarante ans, son moniteur° de pi-lotage.

instructeur

[188 MOTS]   Adaptation d'articles de *l'Express*

exercices

Connaissance des mots

Trouvez l'expression qui convient.

1. Une personne qui conduit un avion est un _____.
2. Dans « Cⁱᵉ Air-Inter », l'abbréviation Cⁱᵉ signifie _____.
3. Le contraire de « au début du mois » est _____.
4. Veux-tu _____ une décision ?
5. Quel verbe veut dire « donner du travail à » ? _____.

Tournures

A   **Mlle Dubut a donné l'exemple. → C'est Mlle Dubut qui a donné l'exemple.**

1. La presse française a annoncé la première femme-pilote.
2. La tradition réserve cette profession aux hommes.
3. La Cie Air-Inter a engagé Mlle Dubut.
4. Une femme de vingt-sept ans est la première femme-pilote.
5. Elle sera le co-pilote.

B   **Elle est ingénieur et pilote. → Elle est ingénieur en même temps que pilote.**

1. Mon père est homme d'affaires et artiste.
2. André Malraux était ministre et auteur.
3. Raphael était peintre et architecte.
4. Il est président et premier ministre.
5. Elle est ingénieur et pilote.

Questions

1. Comment s'appelle la compagnie d'aviation qui a engagé Mlle Dubut ?
2. Sur quelle ligne commence-t-elle son service ?
3. A-t-on déjà engagé une femme comme co-pilote sur une ligne régulière ?
4. Pendant combien de temps Mlle Dubut a-t-elle étudié avant de devenir pilote ?
5. Pour quelle raison y aura-t-il probablement plus de femmes-pilotes à l'avenir ?
6. Comment s'appelle Mlle Dubut maintenant ?
7. Est-ce qu'une femme mariée peut être pilote ? Est-ce plus facile ou plus difficile que pour une femme non-mariée ?

 Les petits pots

La mère française est loin d'être persuadée de la valeur des petits pots pour son enfant. Lisez d'abord une annonce publicitaire° en leur faveur...

publicité payée

L'hiver sera moins mauvais pour les petits enfants qui mangeront des petit pots Fali à la vitamine C.

Brr ! Novembre, décembre, janvier, février... quelle saison ! Il fait froid. Il fait gris. Il fait humide. Les petits enfants ont le nez rouge quand ils vont dehors.

Un rien les fatigue. Un autre rien les fait s'enrhumer.° Les mamans s'inquiètent.° Elles se demandent : quand est-ce que le printemps arrive ?

Bien sûr, elles donnent à leur enfant du jus d'orange, riche en vitamine C. De cette vitamine C qui permet de résister à la fatigue, aux microbes de l'hiver. Mais cela n'est pas suffisant. Il faut des légumes

s'enrhumer

ne sont pas tranquilles

verts et des fruits, riches eux aussi en vitamine C. Et
en hiver on en trouve peu. Ah ! Quelle saison !

C'est pour aider les mamans et les enfants à passer
des hivers plus tranquilles que Fali a créé des petits
pots enrichis en vitamine C. Donnés plusieurs fois
par semaine, les Fali à la vitamine C aideront les enfants à mieux résister à l'hiver !

Ils n'empêcheront peut-être pas les enfants de s'enrhumer, mais ils leur permettront de mieux y résister.

[221 MOTS]   Adaptation d'une annonce dans *Elle*

... maintenant, la réaction des mères françaises...

La mère de famille française a des opinions très for-
tes sur la cuisine — surtout sur ce qu'il faut donner
à manger aux enfants, et ce qu'il ne faut pas leur
donner. Elle regarde avec suspicion les petits pots de

viande, de légumes et de fruits pour bébés. Elle en achète, en moyenne,° seulement neuf kilos par an et par enfant, contre quatre-vingt-cinq kilos aux États-Unis et quarante-sept kilos en Grande-Bretagne.

La moyenne est le total de plusieurs quantités divisé par leur nombre.

Il n'est pas facile de persuader une mère française qu'un petit pot est aussi bon pour son enfant que les soupes qu'elle prépare elle-même. Parce qu'elle aime savoir « ce qu'on met dedans », parce qu'elle veut faire comme sa mère a fait et parce qu'elle n'aime pas les conserves,° elle refuse ces pots stérilisés, qui sont faits avec les meilleurs viandes, légumes et fruits, et qui sont cuits° à la température idéale pour garder les vitamines.

les conserves : nourriture conservée en pot ou en boîte

préparés

pot

boîte

Et puis, le petit pot lui donne mauvaise conscience, car elle n'est pas sûre d'être une bonne mère si elle ne passe pas des heures à faire la cuisine.

[195 MOTS]   Adaptation d'un article du *Nouvel Observateur*

exercices

Antonymes

Trouvez un antonyme.

Ces fruits sont *pauvres* en vitamine C. → Ces fruits sont *riches* en vitamine C.

1. Il est *difficile* de persuader une mère française.
2. Est-ce *bon* pour les enfants ?
3. Est-elle une *mauvaise* mère ?
4. Elle achète *peu* de petits pots pour son enfant.
5. Cette personne a des opinions très *faibles*.
6. Elle les regarde *sans* suspicion.

Tournures

A *Suivez le modèle.*

Le petit pot donne mauvaise conscience *à la mère*. → Le petit pot *lui* donne mauvaise conscience.

1. Elle donne du jus d'orange *à son enfant*.
2. Elle offre des fruits à son mari.
3. Les petits pots suffiront à son bébé.
4. Ils permettront à son bébé de résister à l'hiver.
5. Ils donneront au bébé les vitamines nécessaires.

B **Le petit pot donne mauvaise conscience *aux mères de famille*. → Le petit pot *leur* donne mauvaise conscience.**

1. Elle donne du jus d'orange *à ses enfants*.
2. Elles offrent des fruits *à leurs maris*.
3. Les petits pots suffiront *à leurs bébés*.
4. Ils permettront *à ses bébés* de résister à l'hiver.
5. Ils donneront *aux bébés* les vitamines nécessaires.

Comparaisons

Suivez le modèle.

Est-ce que cet hiver sera aussi mauvais que l'hiver dernier ? →
ÉTUDIANT(E) 1 : Il sera moins mauvais.
ÉTUDIANT(E) 2 : Non, il sera plus mauvais.

1. Est-ce que cet hiver sera aussi tranquille que l'hiver dernier ?
2. Est-ce que mes soupes sont aussi riches en vitamines ?
3. Est-ce que les enfants s'enrhument aussi facilement que nous ?
4. Est-ce que Madame Berger achète les petits pots aussi souvent que vous ?
5. Est-ce que les petits pots sont aussi délicieux que les fruits frais ?

Vrai ou faux ?

Corrigez le sens de la phrase, s'il est faux.

1. Le jus d'orange est riche en vitamine C.
2. En hiver on trouve peu de conserves.
3. La mère de famille française est persuadée de la valeur des petits pots.
4. Elle a mauvaise conscience quand elle ne prépare pas elle-même la soupe.
5. Les pots stérilisés ne gardent pas les vitamines.

Questions

1. Pourquoi est-ce que les mamans s'inquiètent en hiver ?
2. Qu'est-ce que c'est que les petits pots Fali ? Qu'est-ce qu'ils contiennent ?
3. Qui achète, en moyenne, le plus de petits pots : la mère anglaise, la mère française, ou la mère américaine ?
4. Pourquoi le petit pot donne-t-il mauvaise conscience à certaines mères françaises ?

Points de vue

Répondez oralement ou par écrit.

1. Est-ce que la publicité Fali est bien faite ? Comment cherche-t-elle à persuader la mère de famille d'acheter les petits pots Fali ?
2. Moi, je trouve qu'une mère de famille doit faire tout elle-même. Elle ne doit pas acheter de conserves pour sa famille. (Discutez.)
3. Je trouve que la nourriture américaine n'est pas assez naturelle. (Discutez.)

7 L'acteur
que les Français préfèrent

Gérard Philipe dans *Les Orgueilleux*

« Quel acteur voulez-vous voir à la télévision ? »
Cette question a été posée par la Télévision française
à ses spectateurs pour choisir les futurs films à montrer. La réponse a été une surprise ; l'acteur le plus
aimé des Français est un homme qui est mort° en
1959 : Gérard Philipe.

mort

Entre 1943 et 1959, Gérard Philipe a joué dans
vingt films, et ce sont ces films-là que les Français
continuent à demander, et que la télévision continue
à montrer. A certaines périodes, il y a un « Festival
Gérard Philipe » ; on montre un de ses films chaque
soir pendant plus d'une semaine.

Pendant sa vie Gérard Philipe était un acteur de
théâtre et de cinéma. Il était très aimé — en France,
et aussi dans d'autres pays, où le public le connaissait par ses films. Pour les gens de son temps, il représentait les qualités les plus nobles : masculinité,
charme, sensibilité.

Longtemps après sa mort, il continue encore à représenter ces qualités, même pour les jeunes, qui ne

l'ont pas connu. Gérard Philipe est mort à l'âge de trente-sept ans ; il n'a pas eu le temps de vieillir.° Maintenant la mort a fait de lui une idole : le jeune homme éternel. Un grand écrivain° français a dit de lui : « Il ne laisse derrière lui que l'image du printemps. »

commencer à être vieux

personne qui écrit des livres

[219 MOTS]   Adaptation d'un article de *l'Express*

exercices

Antonymes

Trouvez un antonyme.

Ils ont *donné cette réponse.* → Ils ont posé cette question.

1. *La vie* a fait de lui une idole.
2. Il était *détesté par* les Français.
3. On montre ses films chaque *matin* pendant une semaine.
4. Quelle *actrice* préférez-vous ?
5. La Télévision française a *donné la réponse* à ses spectateurs.

Définitions

Trouvez le mot qui convient.

1. Une personne qui écrit des livres est un _____.
2. Quelqu'un qui joue au théâtre est un _____.
3. Les personnes qui regardent la télévision sont des _____.
4. Quelqu'un qui n'est pas âgé est _____.
5. La saison de mars à mai est le _____.

Adjectifs

Lesquels de ces adjectifs sont applicables à Gérard Philipe ?

aimé, vieux, masculin, sensible, connu, charmant, américain

Tournures

A **Il n'a pas vieilli. → Il n'a pas eu le temps de vieillir.**

1. Il n'a pas répondu.
2. Je n'ai pas demandé son nom.
3. Nous n'avons pas regardé ce programme.
4. Gérard Philipe n'a pas continué à jouer.
5. On n'a pas montré le film.

B **Est-ce que les Français vont au théâtre ? → Oui, ils continuent à aller au théâtre.**

1. Est-ce que les gens préfèrent cet acteur ?
2. Est-ce que la télévision montre ses films ?
3. Est-ce que cet écrivain écrit de bons livres ?
4. Est-ce que Philipe représente la sensibilité masculine ?
5. Est-ce que Philipe est une idole pour les Français ?

Vrai ou faux ?

Corrigez le sens de la phrase, s'il est faux.

1. En France, on demande aux téléspectateurs leur opinion sur les programmes.
2. On n'aime pas montrer de vieux films à la télévision.
3. Gérard Philipe est vieux, mais il continue à jouer dans des films.
4. Philipe n'est pas connu dans d'autres pays.
5. Il a laissé derrière lui l'image de la jeunesse.

Questions

1. Comment sait-on que l'acteur le plus aimé des Français est Gérard Philipe ?
2. Dans combien de films est-ce que Philipe a joué ?
3. Qu'est-ce que c'est qu'un « Festival Gérard Philipe » ?
4. Pourquoi les Français aiment-ils Philipe ?
5. Qu'est-ce qu'un grand écrivain a dit de lui après sa mort ?
6. Est-ce qu'il est connu aux États-Unis ?
7. Est-ce qu'il y a des acteurs américains qui, comme Philipe, sont morts jeunes et n'ont pas été oubliés ?

Claude Hardy et son fils

L'homme le plus fort

Trois hommes discutent autour d'une table dans une taverne de Québec. Ils parlent d'hommes forts.

« Moi, dit l'un, je connais un gars° à Québec qui lève quatre cents livres° au bout de ses bras.

homme, type (fam. ; prononcez GA)

mesure de poids (*lb.*)

— C'est rien, ça, dit le second. J'ai vu un homme à Trois Rivières qui soulevait° cinq cents livres au-dessus de sa tête.

levait

— Moi, dit le troisième, je connais un p'tit gars à Château-Richer qui lève six cents livres au bout de ses bras. C'est le fils du barbier de la place. Je le connais bien. Il s'entraîne° dans la cave° de la maison de son père. »

s'exerce / partie d'une maison qui est sous terre

Un livreur de bière° les écoute. Puis sourit. « Messieurs, dit-il, il n'y a personne à Québec à présent qui soulève quatre cents livres. Au sujet du gars de Trois Rivières, je doute qu'il existe puisque personne encore au monde n'a réussi à porter cinq cents livres au-dessus de sa tête. Et pour ce qui est du p'tit gars de Château-Richer, je le connais bien puisque... c'est moi... Claude Hardy. A vrai dire, je n'ai pas réussi à soulever un poids supérieur à trois cents livres jusqu'ici. »

Un livreur de bière

Claude Hardy avait vingt ans à ce moment-là. Il se passionnait pour l'haltérophilie° et le hockey, suivant la saison. Plus de dix années ont passé depuis. Le petit gars de Château-Richer est devenu le colosse

haltérophilie

de Villeneuve, un espoir canadien pour les champion-
nats mondiaux et les Jeux Olympiques.

Les Québecois ont, depuis toujours, tendance à
manifester leur force musculaire. La Fédération d'haltérophilie du Québec est en très bonne santé. Des
clubs poussent un peu partout dans la Province. Il
existe au Québec plus de cinq cents haltérophiles ac-
tifs qui font de la compétition. Claude Hardy affirme
avec satisfaction : « Dans deux ou trois ans, nous
aurons probablement, au Québec, plus de deux mille
compétiteurs. »

A douze ans, les garçons aiment jouer à l'homme
fort. C'est l'âge pour impressionner les copains.°   camarades, amis
Claude Hardy n'était pas différent des autres. « Nous
allions au bord de la rivière pour trouver des bûches°   **bûche**
qui nous servaient de poids. Je me souviens du jour
où nous avions trouvé une bûche de quatre-vingts
livres. Chacun essayait de la lever au-dessus de ses
bras, mais deux seulement y sont arrivés. Je n'étais
pas un de ces deux-là.

« Je voulais absolument y arriver. J'ai décidé alors
d'apporter la bûche dans la cave, chez nous, pour
m'entraîner.

« Au bout d'une semaine, je soulevais la bûche
au-dessus de ma tête. Une semaine plus tard, j'étais
capable de la soulever au-dessus de mes épaules
avec un seul bras. J'étais très content de mes progrès
rapides et je voulais démontrer mes nouvelles capaci-
tés à mes copains.

« Ils sont venus chez moi, et j'ai sorti la bûche
pour donner une exhibition de ma force. Mais, incroyable ! Tous mes amis pouvaient la soulever aussi
bien que moi. Et sans entraînement.

« J'avais oublié qu'en plaçant la bûche près du
chauffage de la maison, elle avait perdu son surplus
d'eau. Elle ne pesait plus que... quarante livres ! »

[485 MOTS]   Adaptation d'un article du *Soleil*, Québec

exercices

Définitions

jouer → **Une personne qui joue est un joueur.**

1. nager
2. skier
3. entraîner
4. livrer
5. connaître

Antonymes

La Fédération est en *bonne* santé. → **La Fédération est en *mauvaise* santé.**

1. Je le connais *mal*.
2. *Tout le monde peut* soulever cinq cents livres.
3. Il soulève un poids *inférieur* à deux cents livres.
4. *Moins* de dix années ont passé depuis.
5. Ils ont tendance à *cacher* leur force.
6. Ses progrès ont été *lents*.

Tournures

A   *Complétez par à ou de*

Personne n'arrive... soulever cinq cents livres. → **Personne n'arrive à soulever cinq cents livres.**

1. Il a tendance... montrer sa force.
2. J'ai essayé... soulever ce poids, mais c'était trop lourd.
3. Je n'arrive pas... le faire.
4. Ne parlons pas... choses que nous ne connaissons pas.
5. Quand on ne réussit pas... soulever plus... cent livres, on ne doit pas jouer... l'homme fort.

B   *Inventez une phrase en suivant le modèle.*

fils / barbier → **Claude Hardy est le fils du barbier.**

1. cave / maison
2. livreur / bière
3. petit gars / Château-Richer
4. bûche / quatre-vingts livres
5. exhibition / force

Vrai ou faux ?

Corrigez le sens de la phrase, s'il est faux.

1. Claude Hardy vient du Canada.
2. Il vient de la partie anglaise du pays.
3. On a besoin de s'entraîner pour arriver à soulever des poids très lourds.
4. Beaucoup d'haltérophiles arrivent à soulever quatre cents livres.
5. Un habitant de la Province de Québec s'appelle un Québecois.
6. Quand il était jeune, Claude Hardy n'avait pas de copains.
7. La bûche qu'il a gardée à la maison est devenue plus légère en perdant son surplus d'eau.

Questions

1. Où sont les trois hommes qui discutent ?
2. Pourquoi le livreur de bière sourit-il ?
3. Quel était le record de Claude Hardy à ce moment-là ?
4. Claude Hardy ne s'intéresse-t-il qu'à l'haltérophilie ?
5. Comment sait-on que les Canadiens sont haltérophiles ?
6. Claude Hardy a-t-il toujours été aussi fort ?
7. Pourquoi arrivait-il à soulever la bûche de plus en plus facilement ?

Les touristes mal informés

Les Européens — les Français en particulier — ont une sorte de peur quand ils se posent la question : Dois-je aller aux États-Unis ? Il faudra faire beaucoup de publicité pour persuader les Français de traverser l'Atlantique en grand nombre.

Quand on demande aux Français pourquoi ils hésitent à partir vers les États-Unis, ils répondent qu'ils préfèrent passer leurs vacances dans un pays qui n'a pas encore été découvert° par le tourisme massif. La Californie peut attendre, elle ne changera pas. D'ailleurs,° les États-Unis ne sont pas considérés par la plupart des gens comme un pays de vacances. La grande majorité des touristes français ne vont pas plus loin que New-York. Ils sont impressionnés — effrayés° même — par ce pays trop grand, où la langue est incompréhensible et la vie très chère.

Les autorités américaines font peu d'efforts pour transformer l'image de leur pays. Les États-Unis sont

trouvé

En plus

ils ont peur

un des très rares pays qui n'ont pas un bureau sur quelque grande avenue parisienne où les gens peuvent venir s'informer. Le bureau existe, mais on ne le contacte que par téléphone (624 07–77), erreur particulièrement grave en France, où le contact personnel avec le voyageur est essentiel.

Il y a quelques années, les Américains pensaient que le voyageur français moyen° resteraient dans leur pays entre quinze jours et trois semaines. Maintenant, ils savent qu'il faut orienter l'effort publicitaire vers les vacances secondaires, c'est-à-dire pour une période de huit à dix jours. L'effort en vaut la peine,° car on a calculé que le touriste français moyen dépense plus de quatre cents dollars par semaine, alors que les Brittaniques ne dépensent que deux cents dollars.

Le pays est vaste. Beaucoup de sites restent encore à découvrir, même pour les Américains, qui passent généralement leurs vacances près de chez eux. Pour les étrangers, le gouvernement américain doit donner à l'Office de Tourisme l'ordre — et les moyens° — de faire connaître les ressources touristiques de son pays.

typique

en... se justifie

l'argent nécessaire

[313 MOTS]   Adaptation d'un article de *le Monde*

exercices

Antonymes

Le pays est *petit*. → Le pays est *vaste*.

1. La vie est *bon marché*.
2. La langue est *compréhensible*.
3. Les États-Unis sont très *près* de la France.
4. Ce pays *a déjà* été découvert.
5. La *minorité* des Français connaît les États-Unis.

Tournures

A   *Trouvez le verbe qui convient.*

(un ordre) → **On** *donne* **un ordre.**

1. (une question)   3. (un site)   5. (l'Atlantique)
2. (une erreur)   4. (du tourisme)

B   *Complétez.*

Ils hésitent... partir aux États-Unis. → **Ils hésitent à partir aux États-Unis.**

1. Je vais... États-Unis.
2. On les persuade... traverser l'Atlantique.
3. Je considère les États-Unis... mon pays.
4. On fait des efforts... transformer l'image de ce pays.
5. Cet effort vaut la peine... être fait.

C   *Joignez les deux phrases par* **où.**

L'erreur est grave en France. Le contact personnel est essentiel en France. → **L'erreur est grave en France, où le contact personnel est essentiel.**

1. Les États-Unis sont un pays peu touristique. La vie est chère aux États-Unis.
2. C'est un pays curieux. Les Français ont peur d'aller dans ce pays.
3. Les États-Unis sont un vaste pays. Il y a beaucoup de sites à découvrir aux États-Unis.
4. Les États-Unis sont considérés comme un pays d'affaires. Les autorités ne font pas d'efforts touristiques aux États-Unis.
5. Les autres pays ont un bureau de tourisme. Les gens viennent s'informer au bureau de tourisme.

Discutons

A discuter oralement ou par écrit.

1. Quelles sont quelques-unes des raisons pour lesquelles les Français ne viennent pas aux États-Unis en grand nombre ?
2. Voudriez-vous (ou ne voudriez-vous pas) que les gens de toutes les nations viennent en grand nombre faire du tourisme aux États-Unis ? Pourquoi ?
3. Qu'est-ce que le gouvernement américain doit faire pour encourager le tourisme ?

10

Scène
sur la
plage

1

2

3

4

5

6

exercices

Tournures

A   *Suivez le modèle.*

Vous êtes en vacances sans doute. → Vous devez être en vacances.

1. Vous êtes Parisienne sans doute.
2. Vous êtes étudiante sans doute.
3. Il est timide sans doute.
4. Elle est mariée sans doute.
5. Ils sont très jeunes sans doute.

B   **Il faut que je trouve quelque chose de gentil. → Je dois trouver quelque chose de gentil.**

1. Il faut que je trouve quelque chose d'original.
2. Il faut que je trouve quelque chose d'intéressant à dire.
3. Il faut que je trouve quelque chose d'amusant à lui dire.
4. Faut-il absolument que je parle à cette jeune fille ?
5. Faut-il que je pose une question à cette jeune fille ?
6. Faut-il que je lui offre une cigarette ?

C   **Je lui parlerai. → Je vais lui parler.**

1. Je lui dirai quelque chose.
2. Je lui demanderai quelque chose.
3. Je trouverai quelque chose d'original.
4. Elle ne me répondra pas.
5. Elle se moquera de moi.
6. Elle me rira au nez.

D   **Je lui parlerai. → Si je pouvais, je lui parlerais.**

1. Je dirai quelque chose de gentil.
2. Je demanderai son nom.
3. Je lui offrirai une cigarette.
4. Je déjeunerai avec elle.
5. J'irai danser avec elle.

Vrai ou faux ?

Corrigez le sens de la phrase, s'il est faux.

1. On est sûr que la jeune fille est Parisienne.
2. Elle est bronzée.
3. Le jeune homme n'a pas de cigarettes.
4. Il est très timide.
5. Elle se moque du jeune homme qui lui parle.

Points de vue

1. (étudiants) Quelle est, à votre avis, la meilleure façon de faire la connaissance d'une jeune fille sur une plage ou dans un autre endroit public ?
2. (étudiantes) Qu'est-ce que vous pensez des réponses des étudiants ? Quels conseils pouvez-vous leur donner ?
3. Dans les mêmes circonstances, auriez-vous fait ce que le garçon ou la jeune fille a fait ?

Scènes à jouer

(un étudiant et une étudiante) Refaites cette scène à votre façon... sur la plage... à la bibliothèque... dans un avion...

deuxième partie

11

Les derniers
Saint Bernard

Ils sont cinq : trois religieux° et deux chiens, nommés
Scène et Kora. Ce sont les derniers sauveteurs du
Grand-Saint-Bernard.° Chaque hiver, ils maintiennent
une tradition qui date du XIe siècle : sauver les voyageurs perdus en montagne.

   L'hospice° du Grand-Saint-Bernard a été fondé par
Bernard de Menthon il y a neuf cents ans. Aujour-

trois religieux

partie des Alpes entre la Suisse
et l'Italie

maison où les religieux donnent
l'hospitalité aux voyageurs

d'hui, l'hospice modernisé a trente chambres bien chauffées, confortables. De temps en temps, en hiver, des skieurs viennent prendre un repas et une boisson chaude, et parfois même passer la nuit.

La journée des religieux est restée la même qu'au temps de Bernard de Menthon. Ils se lèvent à sept heures, disent une messe,° puis vont dehors, sur la

° cérémonie religieuse catholique

neige, surveiller° les « routes » de leur vaste domaine blanc. Avec eux, leurs deux chiens. De tous les chiens de l'hospice, seuls Scène et Kora, qui ont reçu un entraînement spécial, y passent l'hiver. Les autres sont transportés plus bas, dans une ferme, et ne reviennent qu'au printemps.

regarder, s'occuper de

Chateaubriand° a décrit ainsi les dangers de la montagne : « ... Le voyageur des Alpes n'est qu'au milieu de son voyage. La nuit s'approche, les neiges tombent ; seul, tremblant, il fait quelques pas et se perd sans retour. » Grâce aux° religieux de l'hospice du Grand-Saint-Bernard, et à leurs merveilleux chiens de montagne, plus de deux mille voyageurs ont été sauvés de la « mort blanche ». Mais l'hélicoptère et le tunnel sous le mont Saint-Bernard ont rendu presqu'inutiles les bêtes célèbres. Scène et Kora restent aujourd'hui les dernières sentinelles de montagne de leur race.

écrivain français (1768–1848)

Grâce aux : *à cause de*

[250 MOTS]   Adaptation d'un article de *Paris Match*

exercices

Connaissance des verbes

> *Suivez le modèle.*
>
> **sauver les voyageurs. →**
> **ÉTUDIANT(E) 1 : Il sauve les voyageurs.**
> **ÉTUDIANT(E) 2 : Ils sauvent les voyageurs.**

1. maintenir la tradition
2. se perdre en montagne
3. revenir au printemps
4. prendre un repas
5. recevoir un entraînement spécial

Tournures

A *Trouvez le verbe qui convient.*

On... un repas. → On prend un repas.

1. Il... la nuit à l'hospice.
2. Elle... une boisson chaude chaque soir.
3. Ils... la tradition.
4. Les chiens... un entraînement spécial.
5. Ils... l'hiver dans la montagne.
6. On... la messe.

B **Ils reviennent seulement au printemps. → Ils ne reviennent qu' au printemps.**

1. Je suis seulement au milieu de mon voyage.
2. Ils sont seulement cinq maintenant.
3. Elle prend seulement un repas.
4. Il fait seulement quelques pas.
5. Elle connaît seulement la montagne.

C **Bernard de Menthon a fondé l'hospice. → L'hospice a été fondé par Bernard de Menthon.**

1. Les chiens ont sauvé plus de deux mille voyageurs.
2. On a bien chauffé les chambres de l'hospice.
3. Chateaubriand a décrit les dangers de la montagne.
4. Les religieux ont entraîné les chiens.
5. Le tunnel a rendu les chiens inutiles.
6. Les religieux ont maintenu la tradition.

Questions

1. Est-ce que la tradition de l'hospice a commencé aux XXe siècle ?
2. Est-ce que l'hospice est différent aujourd'hui qu'au temps de sa fondation ?
3. Comment commence la journée des religieux ?
4. Pourquoi Scène et Kora sont-ils les seuls chiens à l'hospice l'hiver ?
5. Quels sont les dangers de la montagne ?
6. Pourquoi a-t-on moins besoin aujourd'hui de chiens comme Scène et Kora ?
7. Que pensez-vous de l'avenir de l'hospice : va-t-il disparaître ?

12

Les Français et le vin

Les Français sont les plus grands buveurs de vin du monde : 117 litres° par personne et par an ! Mais leur consommation est en train de diminuer d'année en année. Pourquoi cette tendance à la sobriété ?

à peu près 31 gallons

Ce n'est pas parce que le vin est trop cher. Le prix du vin n'a augmenté que de 6 pour cent pendant une période où les prix, en général, ont augmenté de 25 pour cent.

Il faut chercher une autre explication. D'abord, il y a la publicité anti-alcoolique et le danger d'avoir un accident d'automobile. Deuxièmement, au lieu de boire beaucoup de vin les Français en boivent moins, mais ils choisissent des vins de meilleure qualité. Enfin les jeunes de la nouvelle génération boivent beau-

coup plus de Coca-Cola que leurs parents, et la consommation d'eau minérale a augmenté aussi, de huit à vingt-cinq litres par personne et par an.

Autre explication possible : on boit maintenant douze fois plus de whisky !

[156 MOTS]   Adaptation d'un article de *l'Express*

exercices

Tournures

A   **Tu bois trop de vin. → Tu es en train de boire trop de vin.**

1. Ils boivent du vin.
2. On consomme moins de vin.
3. Le prix du whisky augmente.
4. Nous choisissons les meilleurs vins.
5. Je cherche une autre explication.

B   **Buvons du vin ! → Au lieu de boire du vin, buvons autre chose.**

1. Prenons du whisky !
2. Choisissons ce vin-là !
3. Prenons un Coca-Cola !
4. Buvons de l'eau minérale !
5. Prenons encore un verre de vin !
6. Choisissons un vin moins cher !

Questions

1. Est-ce que la consommation du vin en France augmente ?
2. Combien de litres de vin les Français boivent-ils par personne et par an ?
3. Le prix du vin a-t-il augmenté plus que les prix en général ?
4. Pourquoi boit-on moins de vin en France ?
5. Quelle différence y a-t-il entre les consommations des jeunes et celles de leurs parents ?

Discutons

A discuter oralement ou par écrit.

1. En général, qu'est-ce que vous prenez comme consommation avec le repas ?
2. Quelles sont les consommations les plus populaires en Amérique ? Et en France ?
3. Pourquoi, à votre avis, les Français consomment-ils beaucoup de vin ?

13 L'artiste n'a pas de chance

exercices

Regardez le dessin, puis racontez vous-même l'histoire du pauvre violoniste.
Voici quelques suggestions pour vous aider.

1 huit heures cin-
quante ; finir son
dîner

2 se lever avant...

3 s'habiller vite ;
mettre...

4 mettre son veston

5 descendre l'escalier ;
porter...

6 monter en taxi ;
dire au chauffeur...

7 entrer (où ?) par...

8 monter... sa loge

9 vingt et une heures
juste ; se préparer
pour...

10 sortir son violon

11 entrer en scène

12 jouer mal ; public
n'aime pas ; jeter
objets et tomates

[65 MOTS]

Dessin de Bosc dans *Paris Match*

14 Le vol° de « la Joconde »

le crime de voler
quelque chose

Le mardi 22 août 1911, les journaux français annoncent que « la Joconde », le célèbre tableau de Léonard de Vinci, a été volée.° Ce tableau est souvent appelé « Monna Lisa ».

prise furtivement

L'histoire de ce vol mystérieux commence le jour avant, lundi 21 août. Le Louvre, le musée où ce célèbre tableau est exposé au public, est fermé tous les lundis. Ce matin-là trois ouvriers entrent dans le musée. A sept heures vingt, ils s'arrêtent dans la salle où « la Joconde » est exposée.

« C'est le tableau le plus précieux du monde », dit un des ouvriers en regardant le sourire mystérieux de Monna Lisa.

Une heure plus tard, les trois hommes traversent encore une fois la salle. Mais cette fois-ci « la Joconde » n'est pas là.

« Ah, ah, dit un des hommes, ils l'ont cachée. Ils ont peur de nous. »

La journée passe et personne ne dit rien. Le lendemain, le 22 août, Louis Béroud arrive. Il est peintre° et il veut copier le célèbre tableau de Léonard de Vinci.

artiste

« Où est « la Joconde ? » demande-t-il à M. Poupardin, le gardien.

« Chez le photographe », répond M. Poupardin.

En vérité il ne sait pas où elle est. Mais si « Monna Lisa » n'est pas à sa place, il croit que le photographe est probablement en train de la photographier.

A midi, M. Béroud commence à s'impatienter.

« Où est « la Joconde ? » demande-t-il encore une fois au gardien.

« Je vais demander », répond M. Poupardin.

Dix minutes plus tard le gardien revient. Il est très pâle. C'est en tremblant qu'il dit : « Le photographe ne l'a pas. »

Ainsi, avec un retard d'un jour et demi, on découvre que le tableau le plus précieux du monde a été volé.

En peu de temps, il y a une centaine d'agents de police dans le musée. On demande aux visiteurs de partir, on ferme les portes et on cherche partout. Bientôt, on trouve le cadre vide° de « la Joconde ».

cadre vide

Dessin de Tim, paru dans l'Express

On questionne les gardiens. Ils sont tous certains que le tableau n'a pas quitté le Louvre. On continue à chercher. On regarde partout dans l'immense musée. Rien.

Les jours passent. Toute la police de France et d'Europe cherche « Monna Lisa », peinte en 1504 à Florence par Léonard de Vinci et achetée en 1518 par François 1er, roi° de France. On inspecte les

roi

trains. On questionne des centaines de suspects. Mais on ne trouve rien.

Les semaines, les mois, les années passent. Toujours rien.

En décembre 1913, deux ans et trois mois après le vol de « la Joconde », un marchand d'art à Florence reçoit une lettre étrange :

Cher M. Géri,

Je suis italien. C'est moi qui ai pris « la Joconde » au Louvre en 1911. J'ai fait cela pour rendre à l'Italie un des nombreux chefs-d'œuvre° volés par les Français.

Léonardo

les meilleurs tableaux d'un artiste

« C'est un fou », croit M. Géri, le marchand. Cependant,° il répond à la lettre. Le 11 décembre 1913, M. Géri rend visite à Vincenzo Léonardo à l'Hôtel Tripoli-Italia. Il entre dans la chambre de M. Léonardo. M. Léonardo cherche sous son lit, tire une grande valise et sort un paquet plat. Il ouvre le paquet. M. Géri est stupéfait. Voici, devant lui, le célèbre sourire de Monna Lisa. C'est bien « la Joconde ».

mais

On informe le roi d'Italie, le pape,° l'ambassadeur de France, même le Parlement italien.

chef de la religion catholique

Le 31 décembre 1913, « la Joconde » arrive à Paris, gardée par vingt agents de police. On la met à sa place dans le Louvre. Ce jour-là cent mille personnes viennent la voir.

Mais pourquoi Vincenzo Léonardo, qui s'appelle vraiment Vincenzo Perugia, a-t-il volé « la Joconde » ? Voici ce qu'il dit : « J'ai lu que Napoléon a volé « la Joconde » à Florence. J'ai voulu la rendre à l'Italie. »

Parce que l'opinion italienne était pour M. Perugia, il n'est resté que six mois en prison.

[621 MOTS]   Adaptation d'un article de *l'Express*

« **Monna Lisa** » **au Louvre, derrière sa protection de verre**

exercices

Vocabulaire

Employez les mots donnés pour compléter les phrases suivantes.

le vol   le voleur   voler

1. L'histoire du _____ de « la Joconde » est étonnante.
2. Le 21 août 1911, Vincenzo Perugia _____ le tableau célèbre.
3. On a découvert _____ le lendemain.
4. _____ était un Italien qui pensait que Napoléon avait _____ « la Joconde » à son pays.
5. _____ du tableau, M. Perugia, n'a pas été sévèrement puni.
6. Aujourd'hui, il serait plus difficile de _____ « la Joconde ».

Définitions

Complétez les phrases suivantes.

Le chef de la religion catholique est *le pape*.

1. Un _____ gagne sa vie en prenant des photos.
2. Le meilleur travail d'un artiste est son _____.
3. Un _____ est un travailleur manuel.
4. Le monsieur que se charge de surveiller les visiteurs et les œuvres d'art dans un musée s'appelle un _____.
5. Une personne qui a eu très peur et qui a perdu toute sa couleur est _____.

Tournures

A   **Ce tableau est *précieux*. → C'est le tableau le plus précieux du monde.**

1. Ce peintre est célèbre.
2. Ce marchand est honnête.
3. Ce diplomat est intelligent.
4. Cette valise est précieuse.
5. Ce photographe est artistique.
6. Ce vol est mystérieux.

B   **Les visiteurs ne partent pas.** → **On demande aux visiteurs de *ne pas partir.***

1. Les visiteurs ne photographient pas.
2. Les clients ne posent pas de questions.
3. Le gardien ne revient pas.
4. M. Béroud ne s'impatiente pas.
5. Le photographe ne s'approche pas.
6. Les gens ne viennent pas la voir.
7. Le marchand n'ouvre pas le paquet.

Questions

1. Qui a peint « la Joconde » et à quelle époque ?
2. Est-ce qu'on a découvert le vol tout de suite ?
3. Qu'est-ce que le peintre, M. Béroud, voulait faire ?
4. Selon M. Poupardin, où était « la Joconde » ?
5. En vérité, est-ce que le gardien savait où était le tableau ?
6. Est-ce qu'on a retrouvé « la Joconde » tout de suite ?
7. Qu'est-ce que le marchand d'art italien a reçu de « Léonardo » ?
8. Où M. Géri a-t-il vu le tableau ?
9. Quelle raison M. Perugia a-t-il donnée pour avoir volé « la Joconde » ?
10. Est-ce qu'on a sévèrement puni le voleur ? Pourquoi ?

Dans le monde moderne, beaucoup de gens mangent trop, travaillent trop et oublient totalement de penser à leur santé jusqu'au moment où ils tombent vraiment malades. Dans des annonces comme celle-ci, le gouvernement encourage les Français à faire régulièrement des exercices physiques pour rester en forme.°

en... en bonne santé et content

15

regardez-vous...

la forme,
ça vous regarde !°

la... Votre santé est votre affaire !

Vous sentez-vous vraiment en forme, heureux de vivre ? Ce n'est pas sûr... La vie moderne réduit° de plus en plus l'exercice physique et affaiblit° progressivement votre corps. Préservez votre santé, combattez la fatigue et la dépression. Assurez à votre corps un **minimum vital d'exercice !** Retrouvez la vie naturelle ! Vous avez des jambes : marchez ! Retrouvez le plaisir de « vivre en forme »... et tout ira mieux pour vous et pour les autres. Alors pratiquez le sport, faites des promenades à pied dans la nature et, au minimum : faites des exercices tous les jours. En voici quelques exemples.

diminue

rend faible

l'exercice
c'est la santé

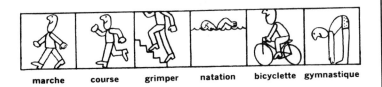

marche   course   grimper   natation   bicyclette   gymnastique

[141 MOTS]

Adaptation d'une annonce offerte aux Grandes Causes Nationales par Publicis

exercices

Association

Complétez chaque phrase par le verbe qui convient.

Vous avez des jambes : marchez !

1. Vous avez une bouche : _____
2. Vous avez une tête : _____
3. Vous avez des pieds : _____
4. Vous avez des cigarettes : _____
5. Vous avez le dîner devant vous : _____
6. Vous avez un verre de vin : _____

Tournures

A le 1ᵉʳ, le 2, le 3 mars... → **On fait une longue promenade** *tous les jours*.

le 2, le 4, le 6 mai... → **On fait une longue promenade** *tous les deux jours*.

1. le 1ᵉʳ, le 3, le 5 mars...
2. en avril, en mai, en juin...
3. en janvier, en mars, en mai...
4. l'an dernier, cette année, l'an prochain...
5. le 1ᵉʳ, le 4, le 7 mai...
6. cette année, dans deux ans, dans quatre ans...

B **Faites des promenades à pied !** → **On vous encourage à faire des promenades à pied.**

1. Combattez la fatigue !
2. Retrouvez la vie naturelle !
3. Faites des exercices tous les jours !
4. Préservez votre santé !
5. Pratiquez le sport !

Questions

1. Comment est-ce que nous négligeons notre santé dans le monde moderne ?
2. Pourquoi est-ce que le gouvernement a mis cette annonce dans les journaux ?
3. Qu'est-ce que cette annonce suggère de faire pour « rester en forme » ?
4. Que veut-on dire par « Tout ira mieux pour vous *et pour les autres* » ?

Points de vue

A discuter oralement ou par écrit.

1. Faites-vous des exercices tous les jours ?
2. Le gouvernement a-t-il raison de s'occuper de la santé des citoyens ?
3. Lorsqu'on habite une grande ville, comment peut-on s'exercer tous les jours ?
4. Est-ce que ce serait facile, en changeant un petit peu vos habitudes, d'avoir plus d'exercice physique chaque jour ?

16

Fumez-vous ?

Fumez-vous ? Voici ce qu'en dit « L'Institut Anti-Tabac »
dans une de leurs annonces.

521 MÉDECINS S'ARRÊTENT DE FUMER

Faites comme eux. Vous vous sentirez vraiment en forme.
Pendant vingt jours vous pourrez employer, gratuitement,
notre méthode pour éliminer *sans effort* le besoin de fumer.

Envoyez vos noms et adresse sur une enveloppe à

L'INSTITUT ANTI-TABAC
(Service NA. 8)
24, rue Saint-Charles, 75015 Paris

Profitez vite de cette occasion !

[67 MOTS]   Adaptation d'une annonce du *Nouvel Observateur*

exercices

Définitions

Trouvez le mot ou l'expression qui convient.

Une personne qui est en bonne santé est *en forme.*

1. On peut employer cette méthode sans payer, c'est-à-dire, on peut l'employer _____ .
2. Si l'on peut faire quelque chose facilement, on le fait _____ .
3. Si l'on est malade, on va voir _____ .
4. Un synonyme pour « cesser » est _____ .
5. Quand on vous offre un bon produit à un prix modéré, il faut profiter de l'_____ .

Tournure

*Utilisez l'expression **s'arrêter de.***

521 médecins ont commencé à fumer. → 521 médecins se sont arrêtés de fumer.

1. Le besoin de fumer a bientôt commencé.
2. Nous avons commencé à employer cette méthode.
3. J'ai commencé à faire comme eux.
4. Vous avez commencé à faire de longues promenades.
5. Il a commencé à fumer la pipe.

Questions

1. Combien de médecins se sont arrêtés de fumer ?
2. Pendant combien de jours peut-on employer gratuitement la méthode de l'Institut Anti-Tabac ?
3. Qu'est-ce qu'il faut faire pour essayer la méthode de l'Institut ?
4. Pourquoi est-ce qu'on insiste sur les mots « sans effort » ?

Points de vue

A discuter oralement ou par écrit.

1. Fumez-vous ? Si oui, avez-vous essayé de vous arrêter ?
2. Tout le monde sait que les cigarettes sont mauvaises pour la santé. Alors, pourquoi est-ce qu'on continue à fumer ?
3. Est-ce que cette annonce va réussir à convaincre les fumeurs de s'arrêter de fumer ?

17

Deux monuments célèbres

Nous connaissons tous le nom des deux monuments les plus célèbres de Paris : l'Arc de Triomphe et la Tour Eiffel. Mais le nom, c'est peut-être tout ce que nous savons sur eux. Ces deux articles nous donnent des détails supplémentaires.

L'Arc de Triomphe

Napoléon, mort en exil en 1821, n'a jamais vu l'Arc de Triomphe, monument magnifique qu'il a fait construire pour célébrer les victoires de ses armées. L'Arc, dont la construction n'a été terminée qu'en 1836, quinze ans après la mort de Napoléon, porte de nombreux bas-reliefs illustrant ses grandes batailles.°
combats entre deux armées

Il a bien choisi le lieu de ce monument, à l'ouest de Paris, sur une petite hauteur° qui donne une bonne vue d'ensemble sur le centre de la ville. Il passait souvent par cet endroit en allant à la Malmaison, résidence de sa femme Joséphine.
petite colline

L'Arc de Triomphe a joué un rôle important dans toutes les grandes guerres depuis le siècle° dernier. En 1870, pendant la guerre Franco-Prussienne, il servait
cent ans

d'observatoire à l'ennemi. Pendant la Première Guerre Mondiale (1914–18), des défilés militaires° ont souvent passé sous l'Arc. Depuis 1920, un « soldat inconnu » y repose, symbole de tous les soldats morts pour la France. Et en 1944, à la fin de la Deuxième Guerre Mondiale, les derniers combats de la libération de Paris ont eu lieu aux pieds de l'Arc ; après ces combats les Français victorieux y on hissé° le drapeau de la liberté retrouvée.

défilé militaire

mis, élevé

[233 MOTS]   Adaptation d'un article de *Paris Match*

La Tour Eiffel

La Tour Eiffel est non seulement un monument célèbre mais aussi un grand succès financier. L'ingénieur
français Gustave Eiffel l'a construite pour l'Exposition
Internationale qui a eu lieu à Paris en 1889. Dans sa
première année, elle a reçu assez de visiteurs pour
payer les frais° de sa construction.

°l'argent que la construction a
coûté

    Trois cents ouvriers ont construit la Tour en deux
ans, deux mois et deux jours. Pendant quarante-qua-
tre ans, elle a été le plus haut monument du monde,
avec 984 pieds de haut. Elle reste le monument français le plus visité : presque soixante millions de personnes depuis 1889. Chaque année, elle reçoit
2.500.000 visiteurs. Le musée du Louvre vient en
deuxième place avec un peu plus d'un million, mais

on pense que la deuxième place sera bientôt occu-
pée par le Château de Thoiry (voir notre article n° 2)
dont le nombre de visiteurs augmente très rapidement.

[363 MOTS]   Adaptation d'un article de *l'Express*

exercices

Synonymes

Trouvez un synonyme.

Napoléon passait souvent par *ce lieu*. → Napoléon passait souvent par *cet endroit*.

1. Ce sont deux des monuments les plus *connus* de Paris.
2. L'Arc de Triomphe se trouve sur une petite *colline* à l'ouest de Paris.
3. *Tous les ans*, la Tour Eiffel reçoit 2.500.000 visiteurs.
4. Napoléon a fait construire l'Arc de Triomphe pour *fêter* ses victoires.
5. L'Arc de Trimphe a joué un rôle important depuis *cent ans*.

Tournures

A   **On a terminé la construction de ce monument en 1836. → Voici le monument dont on a terminé la construction en 1836.**

1. J'ai vu l'intérieur de ce monument.
2. On a observé la construction de cette tour.
3. Nous avons vu une partie de cette exposition.
4. Napoléon a choisi le lieu de ce monument.
5. Jeanne parle tout le temps de ce monument.

B   **L'Arc porte des bas-reliefs. (nombreux) → L'Arc porte de nombreux bas-reliefs.**

1. Les touristes cherchent des cartes postales. (jolies)
2. La Tour a été construite par des ouvriers. (nombreux)
3. Nous avons vu des monuments. (beaux)
4. J'ai vu passer des défilés militaires. (longs)
5. Des batailles y ont eu lieu. (terribles)

Vrai ou faux ?

Corrigez le sens de la phrase, s'il est faux.

1. Napoléon est mort avant de voir l'Arc de Triomphe.
2. Les bas-reliefs sur l'Arc de Triomphe illustrent les victoires de la Première Guerre Mondiale.
3. On peut voir tout Paris de l'Arc, qui est placé sur une petite colline.
4. Napoléon connaissait bien l'endroit où l'on a construit l'Arc.
5. Depuis la Deuxième Guerre Mondiale un soldat inconnu repose aux pieds du monument.
6. Depuis plus d'un siècle la Tour Eiffel est un des grands monuments de Paris.
7. La Tour a été construite par Napoléon.
8. Les nombreux visiteurs ont contribué au succès financier de la Tour Eiffel.
9. La Tour Eiffel reçoit moins de visiteurs que le Louvre.
10. Le Château de Thoiry reçoit presque autant de visiteurs que la Tour Eiffel.

Questions

1. Qui a fait construire l'Arc de Triomphe ?
2. Quand a-t-on terminé la construction de l'Arc ?
3. Où se trouve l'Arc ?
4. Qui repose sous l'Arc ? Qu'est-ce qu'il symbolise ?
5. Où ont eu lieu les derniers combats de la libération de Paris ?
6. Qu'est-ce que les Français ont fait après ces combats ?
7. En quelle année a-t-on terminé la construction de la Tour Eiffel ?
8. La Tour Eiffel a combien de pieds de haut ?
9. Combien de personnes par an visitent la Tour Eiffel ?
10. Quel endroit touristique occupe la troisième place ?

Discutons

A discuter oralement ou par écrit.

1. Quels monuments à Paris voudriez-vous visiter ? Pourquoi ?
2. La France est-elle le seul pays à avoir un « soldat inconnu » ?
3. Approuvez-vous les raisons pour lesquelles l'Arc de Triomphe a été construit ? La Tour Eiffel ?
4. A quoi attribuez-vous la grande popularité du Château de Thoiry ?

MANDATS TÉLÉGRAPHIQUES

18 Les femmes sans nom

Il y a cinquante millions de Français ; plus de la moitié (52 pour cent) sont du sexe féminin ; et 33 pour
cent de ces femmes françaises jouent, par leur travail, un rôle actif dans la Nation.

Quelle est la situation de cette majorité féminine ?

On dit souvent que la femme française est libre,
qu'elle a les mêmes droits que l'homme. Que pensez-vous alors de cet incident, qui est arrivé à une
Française, Mme Évelyne Sullerot ?

*   *   *

J'étais au bord de la mer, au début du mois
d'août, avec mes enfants. Mon mari savait que nous
avions besoin d'argent pour faire une excursion, et il

m'a envoyé un mandat télégraphique.° Je suis allée chercher l'argent au bureau de poste, avec mon passeport comme pièce d'identité.° Là, l'employée m'a dit :

« Je ne peux pas vous donner cet argent, madame ; il est pour M. Sullerot. »

« Mais M. Sullerot me l'a envoyé ! »

« Peut-être, mais le mandat est au nom de Sullerot, sans « Madame ». Donc je ne peux pas le donner à une femme. »

J'essaie d'expliquer que je n'ai plus d'argent, que je dois partir avec les enfants. En vain. L'employée m'explique que mon nom de femme mariée doit être précédé de « Madame ».

La nécessité m'a donné de l'imagination. J'ai appelé un de mes fils, qui m'attendait dehors. Il avait treize ans. J'ai demandé à l'employée :

« Et lui, il peut recevoir l'argent ? »

« Oui, madame, s'il a une pièce d'identité. »

J'ai dit à mon fils de courir vite chercher sa carte d'identité à la maison. Dix minutes plus tard il revient en courant, montre à l'employée la carte d'identité (avec une photo de lui à sept ans !) et reçoit la grosse somme d'argent qu'on avait refusée à sa mère.

« Cet argent est à moi maintenant », dit-il, triomphant. Il finit par me le donner, mais en remarquant avec raison :

« Je comprends maintenant, maman. Les femmes ont besoin des hommes, car sans eux elles n'existent même pas ! »

[318 MOTS]   Adaptation d'un article du *Nouvel Observateur*

envoyé... envoyé de l'argent par télégraphe

pièce... document officiel, avec photo, pour prouver qui vous êtes

exercices

Synonymes

Trouvez un synonyme.

Son mari lui envoie *de l'argent par télégraphe*. → Son mari lui envoie un mandat télégraphique.

1. Plus de *50 pour cent* des femmes ont des passeports.
2. J'ai dû partir avant *le commencement* du programme.
3. *La plupart* des Français jouent un rôle actif dans la Nation.
4. C'est une femme *anonyme*.
5. *Il nous fallait* de l'argent.

Tournures

A   *Utilisez l'expression* **finir par.**

Il donne cet argent à sa mère. → Il finit par donner cet argent à sa mère.

1. Son mari lui envoie un mandat.
2. Ils partent en excursion.
3. L'employée est d'accord.
4. Nous rendons visite à notre vieille tante.
5. Les enfants mangent tout ce qu'on leur donne.

B   **C'est mon argent. → Cet argent est à moi.**

1. C'est notre mandat postal.
2. C'est sa carte d'identité.
3. Ce sont nos passeports.
4. Ce sont leurs enfants.
5. C'est mon paquet d'argent.

C   **l'argent, le bureau de poste → Je suis allé chercher l'argent au bureau de poste.**

1. le mandat, le bureau de poste
2. des cigarettes, le bureau de tabac
3. un journal, le bureau de tabac
4. ma carte d'identité, la maison
5. mon passeport, la maison

Vrai ou faux ?

Corrigez le sens de la phrase, s'il est faux.

1. Plus de la moitié des femmes françaises travaillent.
2. La femme française a les mêmes droits que l'homme.
3. Au début du mois d'août, M. et Mme Sullerot étaient au bord de la mer avec leurs enfants.
4. Mme Sullerot avait besoin d'argent pour partir avec ses enfants.
5. L'employée a refusé de donner l'argent à Mme Sullerot parce qu'une femme n'a pas le droit d'en recevoir par télégraphe.
6. Le fils de Mme Sullerot n'avait que sept ans.
7. L'employée a refusé l'argent au garçon aussi.
8. Le garçon n'a pas voulu donner l'argent à sa mère, et il a fini par le garder.

Questions

1. Pourquoi Mme Sullerot avait-elle besoin d'argent ?
2. Qui est-ce qui lui a envoyé un mandat télégraphique ?
3. Où est-elle allée chercher l'argent ?
4. Pourquoi l'employée ne pouvait-elle pas donner l'argent à Mme Sullerot ?
5. Quelle solution Mme Sullerot a-t-elle trouvée ?
6. Pourquoi l'employée a-t-elle donné l'argent au fils de Mme Sullerot ?

Points de vue

A discuter oralement ou par écrit.

1. L'employée du bureau de poste avait raison de ne pas donner l'argent à Mme Sullerot.
2. Si un mandat est marqué « Madame » ou « Mademoiselle », on ne donnera pas l'argent à un homme. Donc, il n'y a pas d'injustice.
3. « Les femmes ont besoin des hommes, car sans eux elles n'existent même pas ! »
4. Aux États-Unis, la femme a les mêmes droits que l'homme.

19 Du parfum
pour les hommes

Il y a quelques générations un homme pensait qu'il n'était pas viril s'il portait du parfum. Tout ce qu'il voulait, c'était d'être propre et sans odeur. Ce sont les femmes qui ont changé cette attitude. Elles voulaient que les hommes, leurs hommes, sentent bon° :

sentir bon avoir une bonne odeur

donc elles leur ont acheté du parfum. Résultat : la quantité de produits° de beauté pour hommes vendue en France a beaucoup augmenté ces dernières années.

articles commerciaux

A présent les hommes veulent bien se parfumer, mais ils n'acceptent que des produits supérieurs. Un bon exemple de parfum masculin est la ligne « Pour Monsieur » de Chanel. Ce nom, Chanel, qui représentait jusqu'à présent l'élégance féminine, est porté maintenant par toute une série de produits masculins : l'eau de Cologne, l'after-shave, le pré-shave, le savon,° le talc « Pour Monsieur ».

On se sert de savon pour se laver.

A cause de l'influence des femmes, un homme qui porte du parfum n'est plus une personne exceptionnelle et efféminée mais tout simplement un homme qui sent bon. Et le parfum n'est plus un symbole de classe ni de fortune. Mais cette notion de virilité parfumée est moderne ; elle n'est acceptée que par les nouvelles générations. Le grand acheteur de ces produits est donc le jeune Français.

[198 MOTS]   Adaptation d'un article du *Nouvel Observateur*

exercices

Antonymes

Trouvez un antonyme.

A présent, les hommes *n'acceptent pas de* se parfumer. → A présent, les hommes *veulent bien* se parfumer.

1. La quantité de produits a *diminué* ces dernières années.
2. Le nom de Chanel représente l'élégance *masculine*.
3. Ils acceptent des produits *inférieurs*.
4. Ce jeune homme est un grand *vendeur* de parfum.
5. Cette notion de virilité parfumée est *ancienne*.

Tournures

A   **Les femmes ont changé cette attitude. → Ce sont les femmes qui ont changé cette attitude.**

1. Les femmes leur ont acheté du parfum.
2. Les hommes préfèrent les produits supérieurs.
3. Les femmes influencent les hommes à acheter ces produits.
4. Les jeunes Français sont les plus grands acheteurs.
5. Les hommes sentent bon maintenant.

B   **Tous les jours on mettait du parfum. → Il y a quelques jours, on a mis du parfum.**

1. Toutes les semaines le nombre augmentait.
2. Tous les mois on achetait du Chanel.
3. Tous les six mois, la production augmentait.
4. Tous les huit jours, mon frère voulait bien prendre un bain.
5. Toutes les trois semaines, nous achetions un nouveau savon.

C   **Il y a quelques années, les hommes ne voulaient pas se parfumer.** →
            A présent, ils veulent bien se parfumer.

1. Il y a quelques années, on ne voulait pas porter du parfum.
2. Il y a quelques années, nous ne voulions pas « sentir bon ».
3. Il y a quelques années, les femmes ne voulaient pas leur acheter du parfum.
4. Il y a quelques années, les hommes ne voulaient pas changer leurs habitudes.
5. Il y a quelques années, tu ne voulais pas acheter du savon parfumé.

Questions

1. Qu'est-ce que les hommes pensaient du parfum masculin, il y a quelque temps ?
2. Qui a changé cette attitude ? Comment ?
3. Quelle ligne de produits pour la beauté masculine est citée comme exemple dans cet article ?
4. Selon l'article, les hommes qui portent du parfum sont-ils considérés comme efféminés aujourd'hui ?
5. Qui est le grand acheteur des produits de beauté masculine ?
6. Est-ce que tout le monde accepte ces produits ?

Discutons

A discuter oralement ou par écrit.

1. Que pensez-vous des produits de beauté masculine ? (Comparer la réponse des garçons et des filles.)
2. Est-ce que le parfum masculin est accepté aux États-Unis ?
3. A votre avis, est-ce que ce sont les femmes qui incitent les hommes à se servir de produits parfumés ?
4. Beaucoup de mots américains sont utilisés maintenant en France (l'after-shave, le jazz, les jeans, le hamburger...), mais certains Français déplorent cette tendance. Quels sont les mots français qu'on utilise en anglais (champagne, detente, bouquet, matinee...) ? Pensez-vous que cette tendance soit un enrichissement ou une contamination ?

20   Le beau dimanche de Chico

Le parc de la Tête d'Or° est un des plus beaux parcs d'Europe. C'est là que les Lyonnais (les gens de Lyon, troisième ville de France après Paris et Marseille) aiment passer le dimanche en famille pendant la belle saison. Ils se promènent, s'asseyent sur les bancs, vont sur le lac en petit bateau — ou bien, ils visitent le jardin zoologique, qui se trouve aussi dans le parc. Là, les animaux vivent dans des conditions de liberté relative — mais pas assez libre pour un certain chimpanzé. Alors, un beau dimanche...

Le... le nom du parc
(**or** : métal jaune très précieux)

Chico le chimpanzé ne voulait plus rester dans sa cage par le beau temps qu'il faisait. Le gardien qui la nettoyait a tourné le dos un instant et Chico est parti. Comme c'était dimanche, beaucoup de familles lyonnaises se promenaient dans le parc de la Tête d'Or. Quand ils ont vu cet animal de quatre-vingt kilos,° ils se sont mis à courir devant lui. Quelle panique ! Mais Chico causait, à vrai dire, plus de peur que de mal. Lui aussi avait peur, et a essayé de se cacher chez les canards.° C'est là, entouré de canards affolés,° que le gardien l'a trouvé. Il a d'abord essayé de l'endormir en lui donnant à boire une mixture d'un litre de vin dans un litre de lait. Chico a tout bu avec plaisir, mais au lieu de s'endormir il a cruellement mordu° son gardien. Un vétérinaire est venu : deux projectiles soporifiques° ont endormi le chimpanzé. Chico a enfin trouvé la liberté... au pays des rêves.°

quatre-vingt... Un animal qui pèse quatre-vingt kilogrammes est aussi lourd qu'un homme.

canards qui ont très peur

attaqué avec les dents

qui font dormir

série d'images qu'on voit en dormant

[248 MOTS]   Adaptation d'un article de *Paris Match*

exercices

Vocabulaire

Essayez de vous souvenir du verbe qui se trouvait dans le texte.

Les gens *visitent* le jardin zoologique.

1. Quand il fait beau, les Lyonnais aiment _____ le dimanche dans le parc.
2. Un jour, Chico ne voulait plus _____ dans sa cage.
3. Le gardien lui a _____ le dos pendant qu'il _____ sa cage.
4. En voyant Chico en liberté, les gens se sont _____ à courir.
5. Deux projectiles soporifiques ont finalement _____ le chimpanzé.

Tournures

A   **Il s'est caché chez les canards. → Il a essayé de se cacher chez les canards.**

1. On se couche de bonne heure.
2. Ils se sont cachés dans leur cage.
3. Je me suis endormi.
4. Je me suis promené dans le parc.
5. Elle s'est assise dans le petit bateau.

B   **Ils ont bu tout un litre de vin. → Ils vont boire tout un litre de vin.**

1. Le lion a mordu son gardien.
2. On appelle le vétérinaire.
3. Ils ont couru aussi vite que possible.
4. Vous êtes venus nous voir.
5. Tu t'es endormi tout de suite.

Questions

1. Où se trouve le parc de la Tête d'Or ?
2. Comment peut-on s'amuser dans le parc ?
3. Quelles sont les conditions de vie des animaux dans le jardin zoologique ?
4. Comment Chico est-il parti de sa cage ?
5. Qu'est-ce que les Lyonnais ont fait lorsqu'ils ont vu un chimpanzé se promener dans le parc ?
6. Pourquoi Chico est-il allé chez les canards ?
7. Comment son gardien a-t-il essayé de l'endormir ?
8. Enfin, qui est venu endormir Chico ?
9. Où Chico a-t-il trouvé la liberté ?

21

Antoine de Saint-Exupéry

« Avant d'écrire, il faut vivre. Écrire est une conséquence » disait Antoine de Saint-Exupéry. A la fois
pilote et écrivain, mais surtout homme d'action,
Saint-Exupéry est mort en 1944. C'était la guerre ; il
était officier dans les forces aériennes, et un jour son
avion n'est pas revenu d'un vol.°

° voyage en avion

Saint-Exupéry (ses camarades aviateurs l'appe-
laient Saint-Ex) avait la passion de l'aventure, du

combat entre l'homme seul et la nature : le soleil, le ciel, la pluie, le désert. Et l'aviation, qui était encore très peu développée, lui donnait l'occasion rêvée de combattre. Saint-Ex était pilote dans la Compagnie Aéropostale, qui a commencé un service de courrier° par avion entre l'Europe, l'Afrique et l'Amérique du Sud. On peut comparer le courage de ces premiers pilotes transatlantiques au courage des premiers cosmonautes. Saint-Ex s'est trouvé plusieurs fois perdu seul, dans le désert ou en haute montagne quand des difficultés techniques l'ont forcé à abandonner son avion.

de... postal

Albert Einstein a dit une fois à Consuelo, la femme de Saint-Ex : « Saint-Exupéry est l'homme qui peut sauver le monde. Parce qu'il est jeune et qu'il est complet. Il est mathématicien. Il est poète. Il a commandé des hommes... Il peut adapter l'homme à son invention : la machine. Et il sait écrire. »

Beaucoup des livres de Saint-Exupéry sont la conséquence de ses expériences dans l'aviation. L'action de ses histoires se passe° dans le désert (*Terre des hommes*) ou dans le ciel (*Vol de nuit*) : des endroits où l'homme se trouve seul et en danger. Un de ses camarades a dit de *Vol de nuit* : « C'est un hymne à l'homme, aux possibilités de l'homme. Quand j'ai un moment de dépression ou de découragement, je lis encore *Vol de nuit*. »

se... a lieu

Homme d'action, Saint-Ex avait aussi une compréhension profonde de l'importance des relations humaines. Son livre le plus connu, *le Petit Prince*, montre admirablement la beauté et la poésie du monde magique de l'enfance que l'on n'oublie jamais complètement. Nous le lisons tous avec plaisir, car nous gardons tous en nous un petit prince endormi.

Adaptation d'un article de *Marie-France*

[333 MOTS]

exercices

Synonymes

Trouvez un synonyme.

Son avion n'est pas *rentré*. → Son avion n'est pas *revenu*.

1. Il est pilote et ingénieur *en même temps*.
2. Je n'ai pas reçu beaucoup de *lettres* aujourd'hui.
3. L'aviation lui donnait souvent *la possibilité* de combattre.
4. Tu ne m'as pas dit ce qui *s'est passé*.
5. Nous *sommes* seuls et en danger.

Tournures

A   **Tout le monde le lit avec plaisir. → Nous le lisons tous avec plaisir.**

1. Tout le monde l'écoute avec plaisir.
2. Tout le monde l'étudie avec plaisir.
3. Tout le monde l'entend avec plaisir.
4. Tout le monde le regarde avec plaisir.
5. Tout le monde leur écrit avec plaisir.

B   **Il aimait se trouver seul en face du danger. → L'aviation lui donnait l'occasion de se trouver seul en face du danger.**

1. Il aimait commander les hommes. → La guerre...
2. Il aimait combattre la nature. → L'accident dans le désert...
3. Il voulait faire des voyages transatlantiques. → Le service du courrier...
4. Il voulait être pilote. → La Compagnie Aéropostale...
5. Il aimait se sentir seul en face de la nature. → Son métier...

Questions

1. Comment les camarades de Saint-Exupéry l'appelaient-ils ?
2. Quelles étaient ses passions ?
3. Dans quels endroits est-ce qu'il s'est trouvé en danger ?
4. Expliquez l'opinion d'Einstein que Saint-Exupéry était un homme qui pouvait « sauver le monde ».
5. En quoi les livres de Saint-Ex sont-ils la conséquence de ses expériences ?

le Petit Prince

6. Qu'est-ce que son livre *le Petit Prince* nous montre ?
7. Comment Saint-Exupéry est-il mort ?

Points de vue

A discuter oralement ou par écrit.

1. Avez-vous lu un des livres de Saint-Exupéry ? Lequel ? Qu'en pensez-vous ?
2. Quelles qualités admirez-vous dans la vie et dans les livres de Saint-Ex ?
3. Le métier de pilote est-il très différent aujourd'hui ? Quelles sont les différences ?
4. Expliquez la phrase « Avant d'écrire, il faut vivre. Écrire est une conséquence. » Est-ce vrai à votre avis ? Est-ce que « vivre » veut dire connaître des aventures comme Saint-Exupéry ?

22

Carnac

Dans le sud-ouest de la Bretagne, près de la mer, se trouve un des sites archéologiques les plus importants de France. C'est là, près de la ville de Carnac, que se dressent° ces grosses pierres appelées menhirs. Dans un seul groupe il y en a plus de onze cents, debout, formant de longues avenues. Les plus petites pierres n'ont qu'un mètre de haut ; les plus grandes en ont généralement quatre.

se... se tiennent debout

Qui a élevé ces milliers° de pierres ? La légende dit que c'est Saint-Cornély qui, après avoir traversé l'Europe poursuivi par des soldats ennemis, est enfin arrivé à la mer. Il a regardé les soldats qui s'approchaient° et a fait le miracle de les changer en pierre. Les soldats de pierre restent debout depuis ce temps-là. Seulement chaque année, la veille° de Noël, ils redeviennent des hommes et descendent un peu plus vers la mer.

plus de mille

venaient plus près

le soir avant

Voilà la légende. En fait,° on sait que ce sont des hommes qui ont élevé les menhirs. On sait aussi que l'orientation des avenues correspond au lever et au coucher du soleil au moment des solstices, formant ainsi une sorte de calendrier. Et on pense maintenant que les menhirs jouaient un rôle important dans les cérémonies des gens de la préhistoire.

en... à vrai dire

Voilà à peu près tout ce qu'on sait. La date des travaux de ces architectes reste un mystère. Quelques-uns disent qu'ils vivaient il y a plus de onze milles ans ; d'autres croient qu'ils ont fait leur travail il y a moins de deux mille ans. Mais c'est probablement pendant l'âge des métaux, peut-être deux mille ans avant J.-C. Cette date correspond à celle de Stone-henge, un site similaire en Angleterre.

[275 MOTS]   Adaptation d'un article de *TOP*

exercices

Synonymes

Trouvez un synonyme.

La date des travaux *n'est pas connue*. → La date des travaux *reste un mystère.*

1. Le saint a *transformé* les soldats en pierre.
2. Les menhirs *se tiennent debout* près de la ville de Carnac.
3. *A vrai dire*, c'est à peu près tout ce qu'on sait.
4. Les menhirs jouaient un rôle dans leurs *rites*.
5. *Pas loin* de la mer se trouve un site archéologique.

Tournures

A   On n'a pas beaucoup vu. → C'est tout ce qu'on a vu.

1. Il n'a pas beaucoup dit.
2. On n'a pas beaucoup trouvé.
3. Nous n'avons pas beaucoup fait.
4. On n'a pas beaucoup compris.
5. Elle n'a pas beaucoup vu.

B   *Utilisez **après avoir.***

Il sont traversé l'Europe, puis ils sont arrivés à la mer. → **Après avoir traversé l'Europe, ils sont arrivés à la mer.**

1. On a trouvé un site, puis on est descendu à la mer.
2. Il a vu les soldats, puis il a commencé à trembler.
3. Ils ont construit les menhirs, puis ils ont disparu.
4. Il a traversé l'avenue, puis il s'est caché derrière une grande pierre.
5. Ils ont élevé les menhirs, puis ils ont eu des cérémonies religieuses.

Vrai ou faux ?

Corrigez le sens de la phrase, s'il est faux.

1. Les menhirs se trouvent au sud-est de la Bretagne.
2. Ce site archéologique est loin de toute ville.
3. Toutes les pierres ont un mètre de haut.
4. La légende dit que le saint Cornély a changé des soldats en pierre.
5. Ce sont des soldats qui ont élevé les menhirs.
6. L'orientation des pierres ne signifie rien.
7. La date précise de la construction des avenues de menhirs est connue.
8. Le site près de Carnac a à peu près le même âge que celui de Stonehenge.

Questions

1. Où se trouve Carnac ?
2. Qu'est-ce que c'est qu'un menhir ?
3. Combien de menhirs y a-t-il à Carnac ?
4. Carnac ressemble à quel site en Angleterre ?
5. Quelle est la légende de Carnac ?
6. Pourquoi a-t-on élevé les menhirs ?
7. Quelle date donne-t-on pour la construction de Carnac et de Stonehenge ?

Points de vue

A discuter oralement ou par écrit.

Les légendes qui expliquent des phénomènes comme Carnac sont amusantes aujourd'hui, mais elles montrent que nos ancêtres n'étaient vraiment pas très intelligents.

23

Les plaisirs du camping

Tous les ans, six millions de Français ferment leur porte à clef et quittent leur ville pour aller faire du camping. C'est l'équivalent de la population de Paris. Qu'est-ce que tous ces gens cherchent ? Pourquoi est-ce qu'ils quittent le confort de chez eux pour aller vivre inconfortablement sous une tente ? Voici les réflexions d'un de ces campeurs français.

Qu'est-ce que nous cherchons, nous le campeurs ? La première réponse à laquelle j'ai pensé, pendant que je roulais vers la campagne dans ma Citroën,° est la réponse psychologique. Considérez la vie dans une grande ville. Elle est triste, malsaine° et artificielle. Nous vivons les uns sur les autres, et en même temps nous sommes isolés,° car personne n'a le temps de s'occuper de nous. Et puis, nous sommes entourés d'ennemis psychologiques ; à l'intérieur, c'est le téléphone qui a le droit d'interrompre nos pensées et de nous parler quand il veut. A l'extérieur, c'est la circulation° qui nous menace et le bruit inévitable. Alors, quoi de plus naturel que de chercher, à l'époque des vacances, le contraire de tout cela : la solitude, le silence, la liberté, l'air frais de la campagne.

marque de voiture française

mauvaise pour la santé

seuls

les voitures, les camions, etc.

Voilà à quoi je rêvais, en conduisant vers le terrain de camping. Mais quelle réalité ai-je trouvée en y arrivant ?

La solitude ? Dans mon terrain de camping il y avait, théoriquement, assez de place pour cinq cents personnes. A mon arrivée, plus de deux mille personnes y étaient déjà installées ! Impossible de trouver les quelques mètres qu'il fallait pour installer ma tente ! J'ai dû attendre le départ, en fin d'après-midi, d'une famille allemande, pour pouvoir enfin m'installer. Le lendemain, en me levant tôt, j'ai pu regarder le lever du soleil — entouré de plusieurs centaines d'autres campeurs. Après, nous nous sommes brossé

les dents tous ensemble, ce qui a un peu détruit° l'aspect romantique de cette opération.

Le silence ? N'en parlez pas ! Dans une tente, on
entend tout, absolument tout : les radios à transis-
tors, les cris d'enfants, les plaisanteries° des pères, les
ordres des mères, les casseroles, les voitures. Je me
suis vite aperçu que la ville après tout est bien plus
calme, car on peut au moins fermer sa porte et ses
fenêtres.

L'année prochaine, si j'ai de l'argent j'irai dans un
hôtel au bord de la mer ou à la montagne. Et si je
n'ai pas d'argent, je resterai chez moi.

[391 MOTS]   Adaptation d'un article du *Figaro Littéraire*

exercices

Famille de mots

Trouvez le substantif qui convient.

camper : Il y avait trop de *campeurs* là-bas.

1. circuler : Mais regardez toute cette _____ !
2. réfléchir : Voici quelques-unes de mes _____ au sujet du
camping.
3. arriver : J'ai commencé à chercher dès mon _____.
4. partir : Il fallait attendre le _____ de quelqu'un.
5. plaisanter : J'ai entendu les _____ des pères.

Tournures

A   **J'ai de l'argent ; je vais dans un hôtel. → Si j'ai de l'argent, j'irai dans
un hôtel.**

1. J'ai le temps ; je fais une promenade.
2. Il a de l'argent ; il va dans un hôtel.

diminué, enlevé

expressions drôles

3. Nous n'avons pas d'argent ; nous restons chez nous.
4. Il y a trop de monde ; je rentre chez moi.
5. J'attends ton départ ; je suis en retard.

B   **Lorsqu'il roulait dans sa voiture, il a vu un terrain de camping. → En roulant dans sa voiture, il a vu un terrain de camping.**

1. Lorsqu'il s'approchait, il a vu la tente.
2. Lorsqu'il fermait la porte, il a entendu sonner le téléphone.
3. Lorsqu'il sortait de la ville, il a vu un accident d'automobile.
4. Pendant qu'il parlait, il nous a montré des photos.
5. Pendant qu'il installait sa tente, il écoutait la radio.

Questions

1. Combien de Français font du camping chaque année ?
2. Pourquoi est-ce que le campeur n'aime pas la vie dans la ville ?
3. Que cherche-t-on à la campagne ?
4. Quelle situation le campeur a-t-il trouvée en arrivant au terrain de camping ?
5. Qu'est-ce qui lui est arrivé le lendemain ?
6. Quelles sortes de bruit pouvait-il entendre ?
7. Pourquoi le campeur a-t-il enfin décidé que la ville est plus calme, après tout ?

Points de vue

A discuter oralement ou par écrit.

1. La vie moderne est trop mécanisée, trop loin de la nature. Tout le monde devrait faire du camping pour rester en contact avec la nature.
2. Maintenant qu'il y a le téléphone, il n'y a plus de vie privée.

troisième

partie

24

Dessin
de Sempé

Dessin de Sempé dans *l'Express*

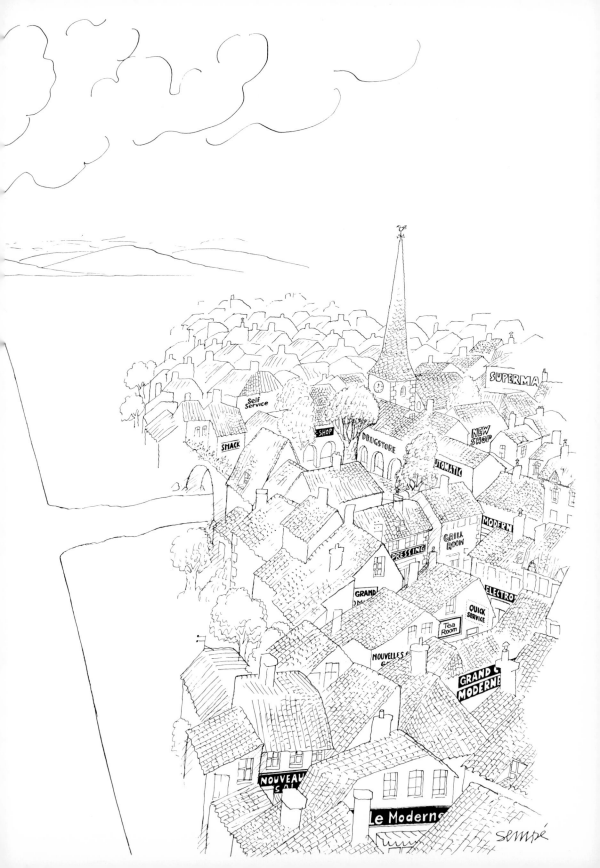

exercices

Vocabulaire

*Complétez par la forme convenable de **vieux** ou **nouveau**.*

la grand-mère → la vieille grand-mère
le drugstore → le nouveau drugstore

1. le snack-bar
2. le moulin

3. le supermarché
4. l'église (*f*)

5. le village
6. le puits

7. la station service

Questions

1. Quel titre donneriez-vous à ce dessin de Sempé ?
2. A votre avis, qu'est-ce que Sempé a voulu montrer dans ce dessin ?
3. Quel aspect de la France aimeriez-vous connaître, l'ancien ou le moderne ? Pourquoi ?
4. La France a adopté certains aspects de la vie américaine, par exemple le snack-bar où on mange un petit quelque chose en vitesse, le supermarché où on trouve tout au lieu d'aller chez plusieurs commerçants, etc. Quel est, pour vous, le pour et le contre de cette tendance ?

25

La galanterie dans le métro

Le monsieur de quarante ans fait semblant de lire° son journal. L'adolescent fait semblant de dormir. Le barbu fait semblant de rêver. Et la vieille attend. Elle est debout. Ils sont assis. Ils ne la regardent pas mais ils l'ont vue. Elle a fait ce qu'il fallait pour être sûre qu'ils l'ont vue. Car elle est actrice, et c'est une expérience°.

fait... fait comme s'il lisait

façon scientific de vérifier quelque chose

L'expérience a commencé en interrogeant° les gens. Sur dix hommes interrogés, huit avaient répondu que « bien sûr, je ne pourrais pas rester assis pendant qu'une femme âgée restait debout. » Pour voir si leurs actes s'accordaient à leurs paroles,° nous avons observé dans le métro — sur quatre lignes et quatre-vingt-cinq stations — les réactions de cinq cents personnes en face d'une voyageuse âgée de plus de soixante ans, faible, et debout.

En fait, la dame était beaucoup moins faible qu'elle n'avait l'air. Il s'agissait d'une comédienne° qui avait accepté d'interpréter, pour nous, le rôle d'une vieillarde. Elle devait s'approcher des voyageurs assis, se faire voir, et attendre que l'un d'eux lui propose sa place.

Notre petit sondage° du début avait indiqué que 80 pour cent des messieurs se lèveraient — peut-être — pour elle. Nous avons donc espéré qu'au moins un homme sur deux se montrerait galant.

Les résultats étaient bien plus pessimistes. Sur cent voyageurs en bonne santé, douze seulement ont offert leur place à notre collaboratrice aux cheveux blancs. Les quatre-vingt-huit autres ne semblaient ressentir° aucun problème de conscience, même lorsqu'une jeune femme s'est levée pour offrir sa place.

La vieille galanterie française, qui résidait autrefois dans les beaux quartiers, semble avoir changé d'adresse. Sur les douze personnes qui ont offert leur place à notre grand-mère expérimentale, neuf l'ont fait entre Montreuil et Montmartre, c'est-à-dire sous une partie populaire de Paris.

Selon nos observations, c'est dans les milieux populaires, et chez les jeunes, que la politesse traditionnelle est encore un peu vivante. Seulement un peu, car même chez eux, on est loin des années quarante où, selon les chefs de train, une vieille dame ne restait jamais debout plus de quelques minutes. Si quelque jeune personne osait rester assis devant une

posant des questions

si... s'ils feraient ce qu'ils avaient dit

actrice

questionnaire

avoir

dame âgée, les autres voyageurs lui rappelait, publiquement et vigoureusement, son devoir.

Pourquoi les Français en bonne santé restent-ils assis devant les Françaises fatiguées ? Leur poser la question directement est une aventure désagréable, car beaucoup d'entre eux vous envoient promener.° Dix — sur soixante — ont répondu poliment. S'ils restent assis, disent-ils, c'est parce que : « ... les femmes sont les égales de l'homme. » « ... les jeunes femmes ne se lèvent pas, alors pourquoi dois-je me lever ? » « ... ça ne se fait plus. » « ... on n'y pense plus. » « ... à sept heures du soir l'homme de cinquante ans est plus fatigué qu'une retraitée° de soixante-cinq. » « ... les femmes disent rarement merci, ça décourage les actes de politesse. »

envoient promener : vous disent de ne pas les déranger

personne qui ne travaille plus

La mort de la galanterie va dans le sens de l'évolution des rapports° hommes-femmes. La libération de la femme devient une réalité et l'homme sait, même quand il l'admet difficilement, qu'il ne peut pas empêcher cette évolution. Ses réactions sont parfois excessives. Beaucoup de femmes, pas spécialement militantes, considèrent que la galanterie est une arme antiféministe insidieuse.

°relations

Les femmes âgées trouvent, elles, qu'on est mieux assis que debout.

[526 MOTS]   Adaptation d'un article d'*Elle*

exercices

Familles de mots

A *Trouvez le féminin.*

un homme → une femme

1. un acteur
2. un monsieur
3. un comédien
4. un vieux
5. un vieillard
6. un collaborateur

B *Formez un nom.*

regarder → le regard

1. observer
2. débuter
3. réagir
4. résulter
5. sonder
6. libérer

Tournure

Trouvez une expression équivalente.

La voyageuse *a plus de* soixante ans. → La voyageuse *est âgée de* plus de soixante ans.

1. Il *a l'air de* dormir.
2. Il a répondu *avec politesse.*
3. Elle *n'est pas* malade.
4. Certaines personnes nous ont *dit de ne pas les déranger.*
5. *J'habitais* à la Concorde autrefois.

Façons de voir

Complétez par le verbe qui convient, à choisir entre

voir   **regarder**   **observer**   **faire voir**

1. Nous... la télévision pour connaître les résultats du sondage.
2. Il s'est approché pour mieux...
3. ... est nécessaire dans toute expérience.
4. Pour être connu du public, il faut se....
5. Les hommes... bien qu'ils ne peuvent pas empêcher la libération de la femme.

Transposition

Mettre au présent, depuis « L'expérience a commencé... » jusqu'à « ... lui propose sa place. »

Questions

1. Pourquoi tout le monde fait-il semblant de ne pas voir la vieille dame ?
2. Pourquoi 80 pour cent des hommes disent-ils qu'ils se lèveraient si une vieille dame était debout, alors qu'ils ne le font pas ?
3. Selon l'article de *Elle*, comment s'explique la mort de la galanterie ?

Discutons

A discuter oralement ou par écrit.

1. La galanterie est une arme antiféministe.
2. La galanterie ne peut pas mourir complètement.

26

Testez votre patience

La vie est compliquée et pleine de problèmes. Mais de tous ces problèmes on peut faire des catastrophes ou des incidents négligeables. Quelle est votre tendance ? Vous allez le savoir.

1 **Vous voulez prendre votre bain, mais il n'y a plus d'eau chaude.**

a. Vous faites une scène à votre frère qui vient de prendre son bain : « Te faut-il toujours autant d'eau ? Il y en aurait assez pour un régiment ! »

b. Vous faites chauffer de l'eau à la cuisine pour la porter ensuite à la salle de bains.

c. Vous décidez de ne pas prendre de bain ce jour-là.

2 Vous préparez un examen. Votre mère vous demande d'aller au magasin.

a. Vous vous mettez en colère. « C'est toujours moi qui travaille ici ! On me prend pour un idiot. J'ai autre chose à faire... »

b. Vous allez trouver votre sœur et lui demandez : « Veux-tu aller au magasin pour moi ? Je mettrai la table à ta place demain. »

c. Vous protestez pour la forme mais vous y allez : « Après tout, cinq minutes de moins ne va pas faire une grande différence. »

3 Vous comptez aller au cinéma avec une amie. Elle vous téléphone à la dernière minute pour vous dire qu'elle ne peut pas sortir.

a. Vous vous mettez très en colère et lui dites que vous aurez une juste vengeance.

b. Vous essayez en vain de le faire revenir sur sa décision, mais finalement vous allez seule au cinéma.

c. Vous lui dites gentiment : « On sortira un autre soir », et vous continuez de lire un livre que vous avez commencé.

4 Vous venez de terminer votre dissertation° quand vous remarquez une faute à la première page.

devoir qu'on écrit à l'école

a. Furieuse, vous jetez la dissertation par terre.

b. Vous passez cinq minutes à corriger la faute.

c. Vous ne vous tourmentez pas, pensant que « Le professeur ne la verra pas. »

5 Au moment de sortir vous remarquez qu'il manque un bouton à votre chemise.

a. Vous changez de chemise et de cravate tout en dénonçant° très fort et avec véhémence toutes les chemises mal faites.

disant du mal de

b. Vous la réparez aussi vite que possible en disant tout bas un mot peu agréable.

c. Vous partez sans plus y penser. « Après tout, personne ne le verra. »

Avez-vous répondu plus de trois fois *a* ? Dieu, que vous êtes violent et difficile à vivre ! Il ne faut qu'un petit incident pour vous mettre en fureur.° **mettre...** rendre furieux

Avez-vous répondu plus de trois fois *b* ? Vous n'êtes pas la patience faite homme ou femme, mais vous avez des réactions positives et intelligentes.

Avez-vous répondu plus de trois fois *c* ? Vous êtes d'un tempérament facile et arrangeant. Un peu paresseux° aussi, sans doute. qui n'aime pas travailler

[423 MOTS]   Adaptation d'un article de *TOP*

exercices

Tournures

A   **Je travaille toujours. → C'est toujours moi qui travaille !**

   1. Nous travaillons toujours.
   2. Vous faites toujours des fautes.
   3. Tu lui parles toujours.
   4. Je vais toujours au magasin.
   5. Il prend son bain le premier.
   6. Je mets la table.

B   **On me prend pour un idiot. → On pense que je suis un idiot.**

   1. Vous me prenez pour un imbécile.
   2. Tu me prends pour un génie.
   3. Ils me prennent pour un grand spécialiste.
   4. Je le prends pour un étudiant consciencieux.
   5. Je les prends pour des étudiants consciencieux.
   6. Tu la prends pour une personne très sympathique.

C   **J'ai quelque chose d'autre à faire. → J'ai autre chose à faire.**

   1. Avez-vous quelque chose d'autre ?
   2. Il m'a montré quelque chose d'autre.

3. Ils préfèrent faire quelque chose d'autre.
4. Elle a demandé quelque chose d'autre à lire.
5. Je vais chercher quelque chose d'autre pour vous.

Vrai ou faux ?

Corrigez le sens de la phrase, s'il est faux.

1. Dans la première situation, il ne reste que de l'eau froide.
2. Dans la deuxième situation, vous êtes en train d'étudier.
3. Dans la troisième situation, l'amie téléphone bien à l'avance pour vous dire qu'elle ne peut pas venir.
4. Dans la quatrième situation, vous remarquez une faute vers la fin de votre dissertation.
5. Dans la cinquième situation, vous vous rendez compte que votre chemise est mal construite.

Questions

Essayez de répondre sans consulter le texte.

1. On peut caractériser chaque réponse de « violente », « active » ou « passive ». Dans le cas où l'on découvre une faute dans sa dissertation, quelle est la réaction violente ?
2. Si votre amie vous téléphone à la dernière minute pour vous dire qu'elle ne peut pas sortir, quelle est la réaction passive ?
3. S'il ne reste plus d'eau chaude au moment où l'on veut prendre un bain, quelles sont les réactions possibles ?
4. Si on est paresseux, qu'est-ce qu'on fait lorsqu'on trouve qu'un bouton manque à sa chemise ?
5. Quelle sorte de personne répond toujours *a* ? Toujours *b* ? Toujours *c* ?

Points de vue

A discuter oralement ou par écrit.

1. On exagère beaucoup dans cet article, car à chaque situation il y a d'autres façons de réagir. Par exemple...
2. On dit que si vous avez répondu plus de trois fois *c*, vous êtes « un peu paresseux ». Pourquoi ?
3. Essayez d'ajouter plusiers situations à ce test, avec les réactions du type *a*, *b* et *c*.

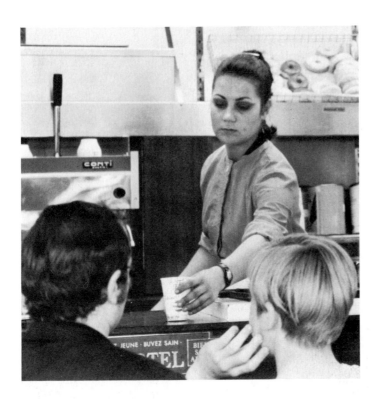

27

Être étudiant : un métier difficile

Catherine D. a vingt-trois ans. Elle est étudiante en quatrième année de droit° à Nanterre.° Elle n'a pas de père. Sa mère ne travaille pas. Elle doit gagner sa vie toute seule. En cherchant dans le journal, elle a trouvé une place de serveuse dans un snack-bar près de la gare Saint-Lazare : 1.050 francs par mois° pour huit heures de travail de nuit. Comment assister aux cours quand on a passé une partie de la nuit (de six heures du soir à deux heures du matin) debout dans

études qu'on fait pour devenir avocat / centre universitaire près de Paris

environ $250

une atmosphère bruyante ? « Pour moi, dit Catherine, les cours du matin sautent° la plupart du
temps. »

je n'y vais pas

François a fait tous les métiers : gardien de voitures, garçon de café, etc. Actuellement° il cherche
du travail : il s'est adressé aux organismes étudiants,
« mais, dit-il, à huit heures du matin, il y a quarante
personnes qui font la queue° pour cinq ou six bou-
lots° mal payés. » Ce n'est pas exagéré, et les res-

En ce moment, maintenant

personnes qui font la queue

situations (fam.)

ponsables des services de placement des étudiants re-
connaissent eux-mêmes la difficulté de faire face aux
demandes. « J'ai absolument besoin de travailler, dit
François, c'est une question vitale et alimentaire,° un
point c'est tout. »

pour manger

Que ce soit par pure nécessité ou par besoin d'indépendance, ils sont de plus en plus nombreux à travailler. Une statistique récente estime que 80 pour
cent des étudiants prennent, au cours de° leurs études, un travail rémunéré. Et la moitié d'entre eux
consacre régulièrement, pendant l'année scolaire, à
un travail alimentaire, un temps que les plus favo-
risés peuvent employer à étudier, suivre des cours, ou
tout simplement se distraire° et se reposer. Ces activités connues sous le nom de « travail noir » — car
non-déclarées pour ne pas payer d'impôts° — ne doivent plus être considérées comme un « folklore » inséparable de la vie de bohème des étudiants : elles
peuvent mettre en danger leur santé et la réussite de

au... pendant

s'amuser

taxes

leurs études. Autre statistique terrifiante : 90 pour cent des étudiants qui travaillent régulièrement échouent° à leur examen ! En gros, deux étudiants sur cinq travaillent régulièrement pendant l'année scolaire. Ils n'ont qu'une chance sur dix de réussir à leurs examens. Les chiffres sont là. Quelle solution ?

ne réussissent pas

Tout le monde est d'accord : l'argent doit venir de l'État. Mais comment le distribuer ? Deux tendances se manifestent, toutes deux très controversées.

Donner la même somme à tous.

POUR : les étudiants ne dépendraient plus « matériellement » de leurs parents. Les relations parents-enfants, et professeur-étudiant, deviendraient celles d'un adulte responsable à un autre adulte. L'étudiant serait rémunéré pour son travail intellectuel, comme d'autres pour leur travail de production. Les étudiants sont des apprentis° : les études qu'ils font serviront à la nation ; si l'État les subventionne,° c'est finalement un investissement utile.

personnes qui apprennent un métier

soutient financièrement

CONTRE : et si tous les fils de commerçants ou de parents aisés° se mettent à faire des études de philosophie au frais du gouvernement, en attendant de reprendre l'affaire de leur père ? Donner la même somme à tous, c'est favoriser les fils de familles aisées — qui sont actuellement en très large majorité à l'Université — dont beaucoup continueront à recevoir plus de leurs parents que de l'État. Ne ferait-on pas mieux de répartir° leur allocation entre les plus pauvres ? C'est ce que propose le deuxième système d'allocation.

qui ont de l'argent

partager, distribuer

Donner à chacun selon ses besoins.

POUR : cela permettrait d'adapter l'allocation à la situation personnelle de chaque individu. Son allocation serait calculé en fonction de l'aide qu'il peut attendre de ses parents s'il est jeune, en fonction de ses propres ressources s'il est plus âgé.

CONTRE : cela constitue une bourse° qui sépare les riches des pauvres, et que certains étudiants trouvent humiliante. Et comment pourrait-on évaluer les ressources familiales ? Enfin, dans ce système, les enfants de familles aisées restent dépendants de leurs parents.

aide financière

Le débat reste ouvert. Ce que disent tous les experts, tous les professeurs et tous les étudiants, c'est que le système actuel a besoin d'être changé. Il entraîne° trop d'échecs aux examens, trop de fatigue physique et morale chez les étudiants. Le folklore de l'étudiant sans argent qui fait des petits métiers amusants et réussit ses examens sans jamais aller au cours est terminé. Finis les mythes. Finie surtout la bohème. Tous doivent avoir de quoi faire des études à temps plein et dans des conditions décentes.

cause, amène

[694 MOTS]   Adaptation d'un article d'*Elle*

exercices

Adjectifs

Trouvez l'adjectif qui correspond à chacun des noms suivants.

aliment → alimentaire

1. vie
2. bruit
3. personne
4. responsabilité
5. nécessité
6. terreur

Expressions verbales

Pour être indépendant, il faut... sa vie. → Pour être indépendant, il faut *gagner* sa vie.

1. A l'Université, on... des cours.
2. On... parfois la nuit entière à étudier.
3. Au bureau de placement, plusieurs personnes... la queue.
4. A un examen il n'y a que deux possibilités : on... ou on..., c'est tout.
5. Tant d'étudiants veulent travailler que le bureau de placement ne peut pas... face à la demande.

Tournures

A   *Complétez par **tout** à la forme convenable.*

Il a fait... les métiers. → Il a fait tous les métiers.

1. Elle est... seule ce soir.
2. Je n'ai pas peur, pas du....
3. ... le monde est d'accord.
4. J'assiste aux cours... les matins.
5. Il faut donner la même somme à....
6. ... les demandes ne peuvent pas être satisfaites.

B   **Il travaille. → Il ferait mieux de travailler.**

1. Tu te distrais.
2. Ils assistent aux cours.
3. Nous cherchons du travail.
4. Je me repose.
5. Vous étudiez.

C De plus en plus d'étudiants travaillent, par nécessité ou par besoin d'indépendance. → Que ce soit par nécessité ou par besoin d'indépendance, de plus en plus d'étudiants travaillent.

1. Donnez-moi une réponse, oui ou non.
2. Les étudiants ont besoin de temps, pour lire ou pour se distraire.
3. Je ne travaille pas, par paresse ou par manque de temps.
4. Il faut changer le système actuel, par un moyen ou par un autre.
5. Il faut absolument se présenter aux examens, pour réussir ou pour échouer.

Questions

1. Qu'est-ce que le « travail noir »?
2. Pourquoi les étudiants qui travaillent sont-ils défavorisés par rapport à ceux qui ne travaillent pas ?
3. Pourquoi François ne s'adresse-t-il pas au service de placement pour trouver une situation ?
4. Selon l'article, pourquoi serait-ce normal qu'un étudiant ou une étudiante soit rémunéré pour son travail intellectuel ?
5. Pourquoi le premier système proposé favorise-t-il les enfants de familles aisées ?
6. Quel est le désavantage du deuxième système proposé ?
7. Pourquoi le système actuel a-t-il besoin d'être changé ?

Débat

La classe se divise en deux camps, « étudiant(e)s pauvres » et « étudiant(e)s riches » pour discuter des mérites des deux plans proposés.

Composition

Vous êtes un étudiant ou une étudiante riche ou pauvre (choisissez). Écrivez une lettre aux autorités dans laquelle vous demandez une bourse pour l'année prochaine. Parlez des études que vous désirez faire, de la profession pour laquelle vous vous préparez et de vos ressources monétaires.

28

Une journée
de la famille Durand

La famille Durand dort encore. Dans la toute petite cuisine de l'appartement où habitent les Durand, le réveille-matin continue son tic-tac familier. A côté du réveille-matin il y a une enveloppe ouverte, où il reste un peu d'argent. Hier était jour de paie pour M. Durand, qui travaille chez Simca.°

marque de voitures

— Six heures : Le réveille-matin sonne. M. Durand se lève, fait sa toilette,° s'habille. Il mange quelques tartines° et boit rapidement du café au lait chauffé sur le gaz.

fait... se lave, se brosse les dents, etc.

morceaux de pain avec du beurre, du fromage, etc. dessus

M. Durand quitte rapidement son appartement car son travail l'attend. S'il a de la chance, il pourra prendre l'autobus qui l'amènera directement à l'usine Simca ; autrement, s'il n'y a plus de place dans l'autobus, il devra courir pour prendre le Métro jusqu'à la gare, et ensuite le train.

— Sept heures trente : Mme Durand, levée depuis quelques instants, réveille ses deux garçons. Toilette, petit déjeuner, et c'est le départ pour l'école. Mme Durand accompagne ses enfants à l'école, puis elle s'arrête au marché pour acheter la nourriture de la famille.

Ménagère° attentive, Mme Durand passe à la Caisse d'Épargne° pour y laisser une part de la paie de son mari. Il faut encore passer au bureau de poste pour envoyer le dernier paiement sur la machine à laver américaine, achetée à crédit.

une femme qui reste à la maison et s'en occupe

Caisse... sorte de banque où l'on place de l'argent pour recevoir des intérêts

— Dix-huit heures : A l'usine Simca, la sirène signale que la journée de travail de M. Durand est terminée ; après neuf heures de travail il peut rentrer chez lui. A la maison, les enfants s'amusent ; Mme Durand fait son budget. Elle pense un instant à tout ce qu'elle pourrait acheter si son mari gagnait plus d'argent ou si le gouvernement ne retenait° pas une partie de son salaire. Mais, se dit-elle, quand notre petit garçon a été malade nous avons bien reçu de l'argent de la Sécurité sociale. Et l'argent que nous recevons comme allocation familiale° nous est très utile.

gardait

allocation... l'argent qu'une famille reçoit du gouvernement pour l'aider à élever ses enfants

— Vingt heures : Les enfants sont au lit. M. Durand lit son journal pendant que Mme Durand range° les assiettes et les verres. Ils vont maintenant regarder un programme d'actualités° à la télévision avant d'aller dormir.

remet en place

les dernières nouvelles

Encore une journée qui se termine chez Les Durand.

[352 MOTS]   Adaptation d'un article de *Servir*

exercices

Synonymes

Trouvez un synonyme.

M. Durand *sort de* l'usine. → M. Durand *quitte* l'usine.

1. Il *sera obligé de* prendre l'autobus.
2. Les enfants sont *couchés*.
3. J'écoute *les dernières nouvelles* à la radio.
4. Elle doit *aller* au bureau de poste.
5. *Il y a encore* un peu d'argent dans l'enveloppe.

Tournures

A **La cuisine des Durand est petite. → La cuisine des Durand est toute petite.**
Ils ont un petit chien. → Ils ont un tout petit chien.

1. Les Durand ont un petit garçon.
2. Elle met un petit peu de leur argent à la Caisse d'Épargne.
3. Mon enfant dort dans un petit lit.
4. La fille des Durand est petite.
5. Nous recevons une petite allocation.

B **Les Durand ont besoin de l'allocation familiale. → L'allocation familiale leur est très utile.**

1. Mme Durand a besoin de la machine à laver.
2. Son mari a besoin du réveille-matin.
3. Les Durand ont besoin d'un budget.
4. Ils ont besoin de la Sécurité sociale.
5. J'ai besoin de ma voiture.

C **S'il a de la chance, il pourra prendre l'autobus. → S'il avait de la chance, il pourrait prendre l'autobus.**

1. S'il n'y a plus de place dans l'autobus, il devra prendre le Métro.
2. Si son mari gagne plus d'argent, elle pourra acheter plus de choses.
3. Si leur petit garçon est malade, ils recevront de l'argent du gouvernement.
4. Si vous vous dépêchez, vous pourrez prendre le dernier train.
5. Si elle accompagne ses enfants à l'école, elle passera aussi au bureau de poste.

Transposition

Mettez au passé les trois premiers paragraphes de l'article.

Questions

1. Qui se lève le premier chez les Durand ? Pourquoi ?
2. A quelle heure M. Durand se lève-t-il ?
3. Que fait-il après s'être levé ?
4. Comment M. Durand va-t-il à son travail ?
5. Où travaille-t-il ?
6. Quelles courses Mme Durand fait-elle après avoir accompagné ses enfants à l'école ?

7. Pourquoi passe-t-elle au bureau de poste ?
8. A quelle heure M. Durand quitte-t-il l'usine ? Après combien d'heures de travail ?
9. Une partie du salaire de M. Durand est retenue par le gouvernement. Qu'est-ce que les Durand reçoivent du gouvernement ?
10. Que font les Durand après le dîner ?

Discutons

A discuter oralement ou par écrit.

1. Imaginez et racontez une journée typique d'une famille ouvrière américaine. En quoi ressemble-t-elle à la vie des Durand ?
2. A huit heures du soir, Mme Durand est en train de faire la vaisselle pendant que M. Durand lit son journal. Si la famille était américaine, quelles différences y aurait-il ?
3. Comment la Sécurité sociale française semble-t-elle être différente de la nôtre ?

29 François Michelin, Auvergnat

Ses employés disent de lui, « le patron ne fait pas
patron.° Il n'est même pas élégant. » Ce patron est
François Michelin, chef de la maison Michelin de
Clermont-Ferrand — le plus grand producteur de
pneus° d'Europe, le troisième (après Goodyear et
Firestone) du monde.

La dynastie Michelin commence par une histoire
d'amour. Il y a 150 ans, sous le roi Charles X, un
certain Jules Michelin, employé à Paris, épouse° une

« **le patron...** » le chef n'a pas
l'air d'un chef

 pneus

marie

Une vieille affiche Michelin : le début de Bibendum

certaine Mlle Barbier. Le père de la mariée est très riche, très royaliste. Lorsque la révolution de 1830 dépose le roi Charles X et installe à sa place Louis-Philippe, M. Barbier préfère ne pas voir ça. Il s'exile en Auvergne, à Clermont-Ferrand, où il ouvre un petit atelier° de mécanique. Un cousin l'accompagne. Or,° ce cousin est marié à la nièce du chimiste anglais MacIntosh. Elle apporte à Clermont-Ferrand un jouet extraordinaire : une balle qui rebondit.° Le caoutchouc. M. Barbier transforme son atelier de mécanique en fabrique de caoutchouc. Ce sera la première usine° Michelin.

En 1890, elle a onze employés. Mais les deux fils de Jules, André et Edouard, se sont passionnés pour le merveilleux caoutchouc : ils inventent le premier

endroit où des ouvriers travaillent

Eh bien...

une balle qui rebondit

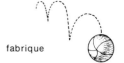

fabrique

pneu de bicyclette gonflable.° Or, les deux frères Michelin ont épousé deux sœurs — les sœurs Wolff, filles d'un grand fabriquant de pianos. L'argent ne manque pas, et c'est l'âge d'or° du capitalisme. L'automobile est née. Les frères Michelin ont compris son immense avenir.° Elle va avoir besoin de pneus.

Ces Auvergnats austères et secrets ont compris aussi l'art de la réclame° (on ne disait pas encore « publicité »). En 1900, on voit déjà les cartes et guides Michelin. Et on commence à voir partout un curieux personnage — un gros bonhomme souriant° qui leur ressemble si peu. C'est Bibendum (en Latin: « buvant »), appelé ainsi car, comme chaque Français sait, « le pneu Michelin boit l'obstacle. »

Aujourd'hui, la vieille usine est toujours là, perdue au milieu de l'énorme complexe industriel Michelin. Et les vertus des fondateurs, invention, modestie, austérité, n'ont pas changé. Il suffit de regarder la façade pour comprendre que le luxe ne fait pas partie des préoccupations de la famille. François Michelin reçoit ses plus importants clients dans un bureau meublé de façon confortable, mais modeste. Son seul décor : les derniers modèles de pneus accrochés° aux murs.

pneu de bicyclette gonflable

l'âge d'or   la grande époque

futur

l'art de faire connaître quelque chose au public

un gros bonhomme souriant

pendus

Guide Michelin

Détail d'une carte Michelin

Tradition des traditions chez Michelin : le secret. Personne — vraiment personne — ne peut visiter les usines Michelin. Cette entreprise, qui est la plus avancée du monde dans son domaine, reste plus impénétrable qu'une prison. Un membre de la famille le confirme : — Je m'appelle Michelin, mais moi-même, étant enfant, la visite de l'usine m'était interdite.° C'est grâce à cette tradition, dit-on chez Michelin, que nous avons pu garder dix ans d'avance sur tout le monde.

défendue

François Michelin et sa femme — née Bernadette Montagne — ont six enfants : quatre garçons et deux filles. Très catholique, la famille assiste° chaque dimanche à la messe en l'église Saint-Genêt des Carmes. Il n'y a pas longtemps, on disait à Clermont-Ferrand que, quand on travaillait chez Michelin, il valait mieux faire baptiser ses enfants.

est présente

Grand, maigre,° habillé d'un éternel costume gris, François Michelin ressemble à ces personnages de province qu'on trouve dans les vieux romans. Sa voiture est une simple Citroën — et encore, un modèle sans chrome. Chaque matin, tandis que° Mme Michelin sort avec sa bonne° pour faire le marché, François Michelin part pour son travail. Ses heures de travail — de 7 h 45 à 12 h 15 et de 14 h à 17 h — sont exactement celles de ses employés. — Qu'il pleuve ou qu'il neige, dit-on, le patron arrive à l'heure.

pas gros

quand, lorsque

employée qui l'aide à la maison

Mais cet homme en gris a une idée. Elle est simple et grande : il veut conquérir l'Amérique. Il va investir 200 millions de dollars en cinq ans pour faire oublier aux Américains les pneus Goodyear et Firestone et les faire rouler sur pneus Michelin.

Va-t-il y arriver ? C'est possible, car Michelin a des années d'avance technique sur ses rivaux dans la fabrication des pneus radiaux. On saura dans quelques années si l'Auvergnat austère et secret, dont on a souvent déploré les vieilles méthodes de travail et l'étroitesse° d'esprit, n'a pas vu plus loin que les autres. Il a vu le monde, rond comme un pneu.

petitesse

Adaptation d'un article de Georges Menant dans *Paris Match*

[580 MOTS]

L'usine Michelin aux Carmes

exercices

Définitions

Un inventeur ? → C'est une personne qui *invente* quelque chose.

1. Un conducteur ?
2. Un acheteur ?
3. Un fabricant ?
4. Un producteur ?
5. Un buveur ?

Tournures

A **L'argent ne manque pas. → Ce n'est pas l'argent qui manque.**

1. L'ambition ne manque pas.
2. Les problèmes ne manquent pas.
3. L'imagination ne manque pas.
4. Les difficultés financières ne manquent pas.
5. Les occasions de gagner l'argent ne manquent pas.
6. Les utilisateurs de pneus ne manquent pas.

B **Veux-tu gonfler ce pneu de bicyclette ? → Non, je préfère ne pas le gonfler.**

1. Veux-tu acheter le guide Michelin ?
2. Veux-tu vendre ta Citroën ?
3. Veux-tu rencontrer M. Michelin ?
4. Veux-tu porter ce costume gris ?
5. Veux-tu connaître les secrets de l'usine ?

C **Est-ce que le luxe est une de leurs préoccupations ? → Non, le luxe *ne fait pas partie* de leurs préoccupations.**

1. Est-ce que le caoutchouc est une de leurs inventions ?
   Non,...
2. Est-ce que la simplicité est une de leurs qualités ?
   Oui,...
3. Est-ce que la ponctualité est une de leurs vertus ?
   Oui,...
4. Est-ce que le manque d'argent est un de leurs problèmes ?
   Non,...

5. Est-ce que l'assistance à l'église est une de leurs habitudes ?
   Oui,...
6. Est-ce que la conquête de l'Amérique est un de leurs projets ?
   Oui,...

Questions

1. Pourquoi les employés de M. Michelin disent-ils que « le patron ne fait pas patron » ?
2. Est-ce que la maison Michelin est le plus grand producteur de pneus du monde ?
3. Pouvez-vous raconter l'histoire d'amour et de jouet par laquelle la dynastie Michelin a commencé ?
4. Quelles sont les principales caractéristiques personnelles de la famille Michelin ?
5. La famille croit qu'une certaine tradition leur a permis de « garder dix ans d'avance sur tout le monde ». Laquelle ?
6. Expliquez la phrase « quand on travaillait chez Michelin il valait mieux faire baptiser ses enfants. »
7. Quel est le grand projet de François Michelin, et par quel moyen veut-il le réaliser ?
8. Quel contraste y a-t-il entre la personnalité de M. Michelin et la grandeur de ses projets ?

Scènes à jouer

François Michelin est dans son bureau. (1) D'abord, il reçoit un coup de téléphone de sa femme ; il fait avec elle des projets pour le dîner et la soirée. (2) Ensuite, il reçoit la visite de trois délégués syndicaux ; ils demandent une important augmentation de salaire et la prolongation des vacances payées de quatre à cinq semaines. (3) Enfin, il reçoit la visite de quatre représentants, ou représentantes, des compagnies Goodyear et Firestone ; ils veulent le convaincre qu'il serait préférable que Michelin n'essaye pas de conquérir le marché américain.

La Rotation des pneus

La grande spécialité de la maison Michelin est le pneu radial, dont ils ont été les inventeurs. Si vous roulez sur pneus radiaux, voici comment il faut en faire la rotation de façon à les garder le plus longtemps possible. Les manufacturiers disent qu'un pneu radial peut durer 40.000 milles.

D'abord, il ne faut jamais monter sur une voiture des pneus radiaux avec des pneus conventionnels, car ils sont très différents. Si vous voulez équiper votre voiture de pneus radiaux, il faut choisir — c'est tout ou rien.

Il faut savoir que les pneus radiaux ont un système de rotation spécial. L'Association des manufacturiers de pneus recommande tout simplement de placer les deux pneus arrière à l'avant, du même côté, et les deux pneus avant à l'arrière de la même façon, sans les croiser.° croiser

Ce système est bon pour la rotation des quatre pneus qui sont sur la voiture. Si on désire utiliser aussi la roue de secours,° voici comment on doit faire. La roue de secours est

la roue de secours

montée à droite à l'arrière et la roue arrière droite passe à l'avant à droite. La roue avant droite devient la roue de secours. Le pneu arrière gauche passe à l'avant du même côté et vice versa.

Pour une durée maximum, on conseille° de faire la rotation des pneus tous les 6.000 à 8.000 milles. dit

Adaptation d'un article de *La Presse*, Montréal

[222 MOTS]

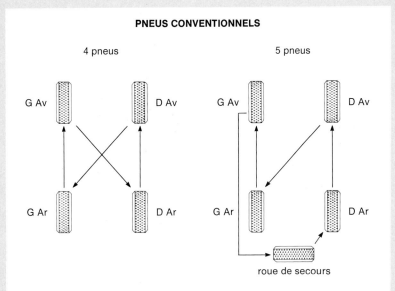

PNEUS CONVENTIONNELS

4 pneus

5 pneus

roue de secours

G = gauche
D = droit
Av = avant
Ar = arrière

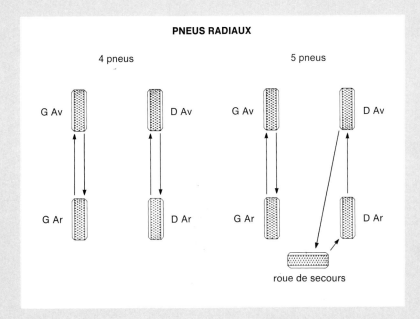

PNEUS RADIAUX

4 pneus

5 pneus

roue de secours

30   L'argent de poche

Les jeunes Français ont besoin de plus d'argent. Ils ne sont pas les seuls, évidemment, mais c'est un problème nouveau en France. Ce pays, qui après la guerre était assez pauvre, commence de nouveau à avoir l'air riche. Et pour la première fois, les jeunes croient qu'ils ont le droit d'acheter des produits nouveaux, des articles de luxe. La publicité sollicite surtout les jeunes de quinze à vingt ans, car ils ont maintenant un pouvoir d'achat° important.

Pour le jeune Français, la source principale d'argent c'est les parents. A seize ans, un jeune homme reçoit, en moyenne, cent francs par mois ; une jeune fille, quatre-vingts francs.°

Cette somme, qui est assez considérable, serait suffisante — si on se mettait d'accord sur la façon de la dépenser. Les parents veulent que leurs enfants achètent des choses « raisonnables » : livres, disques de musique classique, activités sportives, places de théâtres ou de cinéma. Les jeunes, au contraire, ont des besoins immédiats à satisfaire : disques de chan-

pouvoir... ce qu'une certaine quantité d'argent vous permet d'acheter

cents francs = $25 ; quatre-vingts francs = $20 (environ)

teurs à la mode, cigarettes, journaux, « gadgets ».
Les parents disent que l'enfant « n'a qu'à demander » s'il veut acheter ces choses-là ; mais l'enfant ne veut pas être obligé de demander, et voilà une cause de friction dans bien des familles.

Il est difficile de résister à la publicité ; si difficile que certains jeunes Français sont prêts à aller à la source pour trouver l'argent qu'il leur faut. Ils se débrouillent° — en cherchant dans les poches de papa, et même, si le besoin est urgent, dans le sac de maman. L'exploration attentive du sofa peut aussi donner quelques pièces de monnaie.° Mais, en général,

se... s'arrangent, trouvent une solution

pièces de monnaie

ce n'est pas assez. Alors beaucoup d'adolescents prennent des marchandises° dans les magasins en oubliant de les payer. D'autres volent des livres pour les revendre ensuite ; certains vendent même leurs livres de classe. Mais tout ceci est dangereux et n'est pas une source d'argent sûre.

produits, articles

Le « teen-ager » (comme on commence à l'appeler maintenant) préférerait un « job » à l'américaine. Une occupation payante, qui lui permettrait d'acheter honnêtement° ce qu'il veut.

sans subterfuge

En France, on est encore assez hostile à cette idée. Dans les familles bourgeoises, pas même de discussion : « Cela ne se fait pas » — c'est tout ! C'est le père qui gagne l'argent de la famille et ni la mère ni les enfants ne doivent travailler.

La société doit prendre une décision. Ou bien accepter que les jeunes personnes travaillent pour satisfaire leurs besoins,° ou bien fermer hypocritement les yeux sur la situation abusive qui existe à présent.

satisfaire... acheter les choses qu'ils désirent

[407 MOTS]   Adaptation d'un article de l'*Express*

exercices

Synonymes

Trouvez un synonyme.

Cette somme d'argent est *grande.* → **Cette somme d'argent est considérable.**

1. Les jeunes Français réussissent à *trouver une solution.*
2. *On ne doit pas faire cela.*
3. Nous avons assisté à un concert d'un chanteur *qui est populaire maintenant.*
4. Les jeunes doivent *arriver à* une décision.
5. Il a pris *des articles* sans les payer.

Tournures

A **On va le faire comme on le fait en Amérique.** → **On va le faire à l'américaine.**

1. Ce garçon porte un pantalon comme on les porte en France.
2. Marie a fait un dîner comme on les fait en Angleterre.
3. Nous nous sommes habillés comme on s'habille en Italie.
4. Le cuisinier a fait une soupe comme on les fait en Espagne.
5. Les teen-agers ont dansé comme on danse en Amérique.

B **Beaucoup de jeunes gens ont besoin d'argent.** → **Bien des jeunes gens ont besoin d'argent.**

1. Beaucoup de parents donnent des sommes considérables à leurs enfants.
2. Beaucoup de jeunes gens achètent des choses « raisonnables ».
3. Beaucoup d'adolescents prennent des marchandises sans les payer.
4. Beaucoup d'étudiants revendent leurs livres de classe.
5. Beaucoup de familles n'acceptent pas que leurs enfants gagnent de l'argent.

C **La seule chose que vous devez faire, c'est de demander.** → **Vous n'avez qu'à demander.**

1. La seule chose qu'elles doivent faire, c'est de travailler davantage.
2. La seule chose que tu dois faire, c'est de venir nous voir.
3. La seule chose qu'il doit faire, c'est de prendre une décision.

4. La seule chose que je dois faire, c'est de me débrouiller.
5. La seule chose que vous devez faire, c'est de résister à la publicité.

Questions

1. Pourquoi est-ce que le besoin d'argent chez les jeunes est un problème nouveau en France ?
2. Pourquoi y a-t-il une publicité importante dirigée vers les jeunes ?
3. D'où vient généralement l'argent des jeunes Français ?
4. Combien d'argent reçoit-on, en moyenne ?
5. Qu'est-ce que les parents veulent que leurs enfants achètent ?
6. Qu'est-ce que les jeunes préfèrent acheter ?
7. Quand ils ont besoin d'argent, comment est-ce que les jeunes gens se débrouillent ?
8. Pourquoi les jeunes Français ne travaillent-ils pas, en général ?
9. Quels sont les choix que la société a devant cette situation abusive ?

Points de vue

A discuter oralement ou par écrit.

1. Le « pouvoir d'achat » des jeunes Américains entre quinze et vingt ans est énorme. Comment le sait-on ?
2. Les parents qui donnent de l'argent à leurs enfants après l'âge de douze ans leur font une grande injustice. Les jeunes doivent apprendre tôt qu'il faut gagner de l'argent pour en avoir.
3. Selon l'article, le vol est un problème grave chez les jeunes Français. Le vol est-il aussi un problème aux États-Unis ?

31   Les Français et le sport

Est-ce que la France est un pays sportif ? Cela dépend. Pour rester à la maison et regarder à la télévision comment les autres jouent, oui. Mais sortir ? Jouer ? C'est bien différent. Une enquête° de SO-FRES (Société française d'enquêtes par sondage) l'a montré clairement.

investigation

Vous arrive-t-il de regarder à la télévision ou d'écouter à la radio des épreuves sportives (match de football, de rugby, etc.) ?

    — Oui, très ou assez souvent . . . . .50 %
    — Oui, mais très rarement 31
    — Non, jamais 19

     Le football (que les Anglo-Américains appellent « soccer ») reste le sport le plus suivi, même quand l'équipe° de France ne gagne pas. Un Français sur deux° suit les résultats des matches de football internationaux, nationaux ou locaux.

groupe de cinq joueurs

Un... ½ ; la fraction formée par 1 sur 2

Vous arrive-t-il d'aller assister en spectateur à des épreuves sportives ?

- — Non, jamais.....................68 %
- — Oui, mais très rarement.........21
- — Oui, très ou assez souvent.......11

L'intérêt du spectateur se refroidit° à la porte de son appartement. « Vous arrive-t-il d'aller assister en spectateur à des épreuves sportives ? » Jamais, assurent 68 pour cent des Français.

se... devient froid

Pratiquez-vous° régulièrement un ou plusieurs sports ?

- — Non, aucun sport................87 %
- — Oui, un sport...................10
- — Oui, plusieurs sports............ 3

Pratiquez-vous
jouez-vous à

La pratique individuelle. « Pratiquez-vous régulièrement un ou plusieurs sports ? » Réponse troublante : 87 pour cent des personnes interrogées ne pratiquent aucun sport.

A votre avis, encourager les enfants à faire du sport est-il... ?

— Très important .64 %
— Assez important 32
— Pas très important 3
— Pas important du tout 1

Les parents ne font pas de sport eux-mêmes, mais ils croient que leurs enfants doivent en faire. 96 pour cent des Français considèrent qu'il est important ou très important d'encourager les enfants à faire du sport.

Le sous-développement sportif de la France peut-il changer ? C'est possible, car en analysant chiffre° par chiffre l'enquête de la SOFRES, on y trouve un symptôme encourageant. 75 pour cent des Français qui ont plus de soixante-quatre ans n'ont jamais, de

1, 2, 3, etc.

toute leur vie, pratiqué de sport ; pas même pendant leur adolescence. Ce chiffre est de 53 pour cent actuellement, en ce qui concerne les jeunes de quinze à vingt ans. En cinquante ans la progression a donc été de 22 pour cent. Si cette progression continue, la France sera un pays très sportif — dans la seconde moitié du XXIe siècle.

[369 MOTS]   Adaptation d'un article de *l'Express*

exercices

Synonymes

Trouvez un synonyme.

C'est une équipe *qui vient d'une seule région*. → **C'est une équipe régionale.**

1. La France n'est pas un pays *qui aime faire du sport*.
2. Le football est le sport *auquel on fait le plus d'attention*.
3. Le sondage a découvert un résultat *qui nous donne du courage*.
4. La personne *à qui on a posé la question* n'a pas répondu.
5. La majorité des « sportifs » en France sont des *gens qui aiment regarder*.

Tournures

A   **Le football est un sport très populaire en France.** → **En France, le football est un des sports les plus suivis.**

1. Le football est un sport très populaire en Amérique.
2. Le hockey est un sport très populaire au Canada.
3. Le cyclisme est un sport très populaire en Italie.
4. Le base-ball est un sport très populaire au Japon.
5. Le basket-ball est un sport très populaire aux États-Unis.

B　　　　　**Je pense qu'on doit pratiquer du sport. → A mon avis, on doit pratiquer du sport.**

1. Il pense qu'on doit assister à l'épreuve sportive.
2. Tu penses, donc, qu'on doit regarder le match à la télévision ?
3. Ils pensent que le chiffre doit augmenter.
4. Elle pense que les jeunes doivent faire du sport.
5. Je pense que le sous-développement sportif de la France peut changer.
6. Nous pensons que la France sera un pays très sportif.

Questions

1. Peut-on dire que la France est un pays sportif ?
2. Comment a-t-on découvert les attitudes des Français envers le sport ?
3. Quel est le sport le plus suivi en France ?
4. Comment s'appelle le « football » européen aux États-Unis ?
5. Quel pourcentage de Français regardent souvent à la télévision des épreuves sportives ?
6. Le Français aime-t-il assister aux matches sportifs ?
7. Quel pourcentage de Français pratiquent régulièrement un sport?
8. Est-ce que les Français croient qu'il est important d'encourager les enfants à faire du sport ?
9. En général, les jeunes Français pratiquent-ils plus de sports que leurs parents ?

Points de vue

A discuter oralement ou par écrit.

1. Les États-Unis sont un pays très sportif... trop, peut-être.
2. Faire du sport, c'est plus important pour les hommes que pour les femmes.
3. Certains sports comme le golf et le ski ne sont accessibles qu'aux gens riches.
4. L'importance qu'on attache aux sports dans les *high schools* et dans les universités américaines est excessive et parfois même ridicule.

32

Quatre élèves
qui n'ont pas réussi
au « bachot »

En France, un élève doit réussir à l'examen qui s'appelle le baccalauréat (familièrement, le « bac » ou le « bachot ») avant de pouvoir entrer à l'université. Est-ce important ? C'est plus qu'important ; c'est un drame dans la vie de chaque jeune Français. Tout son avenir en dépend.

On passe l'examen° dans toute la France au même moment ; les copies des élèves sont ensuite corrigées non pas par leurs professeurs à eux, mais par des « correcteurs » qu'ils ne connaissent pas — et qui ne les connaissent pas. Le bac étant un examen difficile, il y a toujours une proportion considérable d'élèves qui échouent. Voici quatre jeunes Français qui ont échoué, et qui nous expliquent pourquoi.

passe... se présente à l'examen

Jean-François
(dix-sept ans, élève au lycée° Carnot à Paris)

école secondaire

« Je n'ai pas pris le bac au sérieux, c'était le premier examen que je passais, et je croyais que j'aurais la chance de réussir. J'aurais dû lire et étudier au lieu de me passionner pour le sport. Je voudrais devenir coureur automobile,° mais ma famille veut pour moi

coureur automobile

le bachot et une profession sérieuse. Mes parents s'intéressent beaucoup aux notes° que je reçois mais ils
ne s'intéressent pas au travail qu'il faut faire pour les
recevoir. Trop souvent je n'ai pas bien fait mon travail. Je me disais : « Demain il ne sera pas trop tard. »

évaluations que le professeur
fait du travail de l'élève

Élisabeth
(dix-huit ans, élève au lycée Fénelon à Paris)

« C'est la première fois que je ne réussis pas dans les
études, et j'ai perdu toute assurance. J'ai toujours
été bonne élève ; j'ai très bien préparé l'examen. Je
connaissais les sujets qu'on m'a demandés, mais je

ne voulais pas oublier le détail, et je n'ai pas réussi à organiser mes compositions. Mon esprit est peut-être mal fait, mais il a été formé par notre système d'éducation qui nous demande d'apprendre par cœur et de « bachoter ».° Notre éducation ne nous permet pas de réfléchir.° Si l'on oublie quelques détails au moment de l'examen, c'est la catastrophe. »

étudier jour et nuit juste avant le bachot ; surtout apprendre beaucoup de détails par cœur

penser

Didier
(dix-huit ans, élève au lycée Carnot à Paris)

« Zéro en « maths », et un père qui justement enseigne cette discipline ? Bien sûr, je ne suis pas brillant en mathématiques, mais le jour de l'examen, devant la feuille blanche, j'ai eu tellement peur que je n'ai pas pu calculer. Mes parents, mes professeurs et mes amis ne veulent pas croire que les maths sont trop difficiles pour moi. Le bac a été la minute de vérité. Mais je veux être médecin, et, pour entrer dans cette profession, il faut réussir au bac. Alors cette année mon père me donne des leçons particulières. » °

données à un seul élève

Laurette
(dix-huit ans, élève au lycée Victor Duruy à Paris)

« J'ai toujours reçu de très bonnes notes en français. Mais au baccalauréat, le correcteur m'a donné quatre points sur vingt. Je n'arrive pas à comprendre pour une deuxième raison : c'est que j'avais traité le même sujet de composition° quelques mois avant le bac. La seule raison possible pour cette mauvaise note est que j'écris très mal. J'écris avec la main gauche, et quand j'étais jeune, j'ai eu beaucoup de difficulté à apprendre à écrire d'une façon lisible.° Je dois toujours faire très attention pour écrire lisiblement. Peut-être le correcteur n'a-t-il pas pu lire mes compositions ? »

j'avais... j'avais écrit une composition sur le même thème

qu'on peut lire facilement

[524 MOTS]   Adaptation d'un article de *Réalités*

exercices

Définitions

se présenter à un examen : passer un examen.

1. en France, l'examen auquel on doit réussir avant de pouvoir entrer à l'université : _____.
2. une personne qui corrige les examens : _____.
3. l'évaluation qu'on reçoit à la fin d'un cours : _____.
4. s'intéresser beaucoup : _____.
5. une personne qui conduit une voiture dans une compétition d'automobiles : _____.

Tournures

A **On doit être reçu à l'examen. Ensuite on peut entrer à l'université. →**
On doit être reçu à l'examen avant de pouvoir entrer à l'université.

1. On doit attendre quelques mois. Ensuite on peut repasser le bachot.
2. On doit savoir organiser ses idées. Ensuite on peut écrire de bonnes compositions.
3. On doit connaître la grammaire. Ensuite on peut écrire de bonnes compositions.
4. On doit beaucoup bachoter. Ensuite on peut se présenter avec confiance.
5. On doit savoir calculer. Ensuite on peut étudier les maths.

B **Est-ce que ce sont *leurs professeurs* ou les vôtres ? → Ce sont leurs professeurs à eux.**

Est-ce qu'on a vu *nos résultats* ou les leurs ? → On a vu nos résultats à nous.

1. Est-ce qu'il a corrigé *ses examens* ou les nôtres ?
2. Est-ce que le professeur a donné *son opinion* ou la leur ?
3. Est-ce qu'elle a relu *sa composition* ou la vôtre ?
4. Est-ce qu'ils ont vu *leur note* ou la mienne ?
5. Est-ce qu'elle a pris *mon sujet* ou le tien ?

C **Je ne comprends pas les maths. → Je n'arrive pas à comprendre les maths.**

1. Je n'écris pas d'une façon lisible.
2. Elle n'organise pas ses compositions.

3. Ils ne réfléchissent pas.
4. Je ne l'apprends pas par cœur.
5. Il n'étudie pas jour et nuit avant le bac.

Questions

1. Pourquoi le bac est-il si important pour les jeunes Français ?
2. Qui corrige les copies ?
3. Est-ce que tout le monde est reçu au bachot ?
4. Pourquoi est-ce que Jean-François a échoué ?
5. Qu'est-ce qu'il veut faire comme profession ?
6. Pourquoi est-ce qu'Élisabeth a échoué ?
7. Qu'est-ce qu'elle n'aime pas dans le système d'éducation ?
8. A quel examen Didier a-t-il échoué ?
9. Pourquoi est-ce ironique ?
10. Comment va-t-il essayer d'apprendre les maths ?
11. A quelle partie du bac Laurette a-t-elle échoué ?
12. Pourquoi est-ce difficile à comprendre ?
13. Quelle explication donne-t-elle ?

Points de vue

A discuter oralement ou par écrit.

1. On peut passer le bachot une deuxième fois. Entre ces quatre élèves, qui va réussir la prochaine fois, à votre avis ? Pourquoi ?
2. Le bachot se compose de questions où il faut écrire des compositions. Est-ce plus difficile que le système des tests américains « à choix multiple » où l'on choisit une des réponses données ? Quelle méthode est la plus juste ?
3. Les parents de Jean-François n'ont pas raison de le forcer à préparer le bac pour entrer dans une profession « sérieuse ». S'il veut être coureur automobile, ses parents ne doivent rien dire.

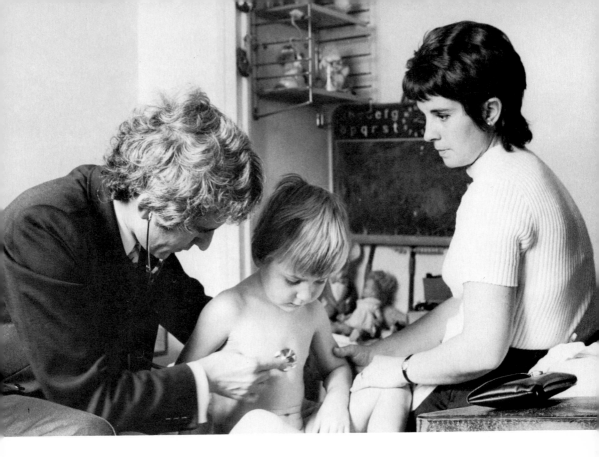

33   Les quatorze heures du Dr Benjamin

Est-ce que les médecins français gagnent trop — ou pas assez ? Jugez-en vous-même, d'après le « profil » d'un médecin typique.

Le Dr Benjamin a trente-huit ans. (Ce n'est pas son vrai nom, ni sa photo, car les médecins n'ont pas le droit de se faire de la publicité.) Il est né, fils d'un ouvrier, à Villemomble, pas loin de Neuilly-sur-Marne, où il exerce° maintenant.

un médecin « exerce » sa profession

Le Dr Benjamin s'est installé il y a sept ans, et depuis il a connu sept années de vie infernale pour se faire une clientèle. Dix-huit heures de travail par jour, six jours par semaine, plus certains dimanches. Un jeune médecin ne peut refuser aucun client, car il a son installation à payer. Le Dr Benjamin a emprunté plus de 200.000 francs à la banque pour une maison de cinq pièces entourée d'un bon jardin.

Sept ans après la première cliente — une voisine dont la fille avait la rougeole° — la clientèle du Dr Benjamin reste épuisante° : sept mille visites ou consultations en un an, jusqu'à cinquante par jour, au plus froid de l'hiver.

rougeole

très fatigante

Sept heures du matin. Une voix de femme affolée. « Allô, docteur, venez vite, mon mari ne m'aime plus. » Le Dr Benjamin est fatigué et irrité. La nuit a été mauvaise. A minuit, il a été réveillé par le coup de téléphone d'un homme « qui se sent au plus mal » : quarante ans, il peut s'agir d'une crise cardiaque.° Le Dr Benjamin se précipite. Quatre étages à monter à pied. L'homme ouvre la porte au premier coup de sonnette° : « Donnez-moi quelque chose pour dormir, docteur. » Il sent l'alcool et dit qu'il a passé la soirée chez des amis et bu trop de café.

attaque au cœur

coup de sonnette

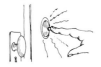

A trois heures, nouvel appel. Une vieille cliente : « C'est mon mari. Il a eu une attaque. » Cette fois, il s'agit bien d'une crise cardiaque. Le Dr Benjamin fait une injection d'anticoagulant et administre un calmant. Le malade pourra attendre l'arrivée du cardiologue dans la matinée.

Pour la jeune femme qui le réveille à sept heures, le Dr Benjamin hésite. Il la connaît. Une névrosée,° qui se plaint souvent que son mari la néglige.° Il pourrait rester au lit. Mais elle habite au septième étage. Et si elle sautait ? « Bon, j'arrive. » En effet, il n'y a rien d'urgent. Mais quelques minutes de conversation et un léger tranquillisant la calment.

personne instable

ne s'occupe pas d'elle

Huit heures. La journée du Dr Benjamin commence réellement. Au mois d'octobre, se sont les rhumes, les maux de gorge.° Il donne un arrêt de travail° à une mère qui n'a personne pour garder son enfant malade.

maux de gorge

un... papier qui excuse la personne de son travail

Onze heures trente. Le Dr Benjamin est à l'hôpital, en blouse blanche, pour calmer une malade qui doit être opérée et qui a peur.

Treize heures dix. Il rentre chez lui. Sa femme a déjà commencé à déjeuner, seule, dans la cuisine. La viande et les légumes attendent dans le four.° Il a quinze minutes pour prendre son repas. Pas de vin. Il boira le café plus tard, lorsqu'il aura vu les clients qui attendent. On entend constamment la sonnette

four

de la porte d'entrée. Mme Benjamin va ouvrir. Dix malades attendent dans le salon. Pour le moment, ce ne sont que des femmes, et un grand garçon de dix-sept ans amené par sa mère. « Docteur, j'ai peur qu'il se drogue, il est bizarre depuis quelque temps. »

Dix-sept heures. Le Dr Benjamin est déjà en retard pour sa deuxième tournée° de visites. « De fausses adresses m'obligent souvent à redescendre des escaliers et à en remonter, » se plaint-il. La nuit tombe. C'est l'heure des accidents. Un enfant est renversé par une voiture, le Dr Benjamin administre les premier soins, appelle une ambulance.

Il reprend ses visites. Un homme de quarante-cinq ans, cadre° dans une grosse entreprise internationale, l'attend depuis le matin. Sa femme est en larmes.° « Il a tellement de difficultés avec son chef qu'il « fait » une dépression nerveuse. » Le Dr Benjamin lui donne un arrêt de travail de quinze jours qui va l'aider à retrouver son équilibre.

employé administratif

en larmes

Vingt-deux heures. Le Dr Benjamin rentre chez lui. En quatorze heures, il a parcouru cinquante km en voiture, grimpé° et descendu soixante étages, vu vingt-cinq malades, prescrit deux cents francs de médicaments et signé quatre arrêts de travail.

monté

Est-ce que le Dr Benjamin est un homme riche ? L'année dernière, il a déclaré 150.000 francs de revenus. Une fois les impôts payés — 27.000 francs — et après avoir déduit ses frais — 23.000 francs — il lui reste 7.500 francs par mois pour quatorze heures de travail par jour.

Certains médecins voient jusqu'à soixante-dix malades par jour et gagnent 30.000 francs par mois. Le désir de gagner beaucoup d'argent, quand elle existe, a des excuses. Plus, peut-être que dans toute autre profession, le médecin a peur de vieillir. En effet, à cinquante-cinq ans, les forces dont il a besoin pour grimper les escaliers et résister au manque de sommeil commencent à lui manquer. Il faut donc

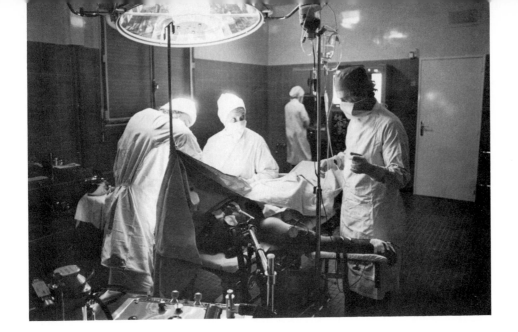

faire vite, gagner de l'argent pour plus tard. Il y a
aussi la peur de mourir. Deux prédécesseurs du Dr
Benjamin sont morts à la tâche,° l'un après avoir
donné le jour° à un enfant, l'autre dans son bureau
de consultation. Arrêts du cœur. Combien de médecins, frappés en pleine activité, ont laissé des veuves°
dans le besoin !

 Le Dr Benjamin voudrait gagner honorablement sa
vie, comme un travailleur un peu plus qualifié que
les autres. Il voudrait exercer une médecine de qualité, en prenant son temps pour examiner ses malades et surtout les écouter. Décidé à améliorer ses
conditions de travail sans abandonner son idéal, le
Dr Benjamin va créer, avec neuf autres médecins, un
cabinet de groupe où les 28.000 habitants de
Neuilly-sur-Marne pourront trouver à tout moment
des soins personnalisés. Mais il est pessimiste quant
à° l'avenir. « Que ce soit en groupe ou en cabinet
solitaire, dit-il, la médecine libérale est en train de
mourir. »

[962 MOTS]   Adaptation d'un article de *l'Express*

à...   pendant leur travail

donné...   aidé à la naissance

femmes dont les maris sont
  morts

quant à   au sujet de

exercices

Adjectifs

A   *Trouvez un adjectif.*

enfer → infernal

1. activité
2. urgence
3. pessimisme
4. honneur
5. vieillesse
6. cœur

B   *Utilisez chacun des adjectifs dans une phrase.*

infernal → Il mène une vie infernale.

Tournure

Il doit payer son installation. → Il a son installation à payer.

1. Il doit terminer son travail.
2. Il faut qu'il fasse ses visites.
3. Il faut que je fasse trois injections.
4. Il doit rembourser 180.000 francs.
5. Je dois prendre deux pillules.

Transposition

Mettre au futur, depuis « Onze heures trente. Le Dr Benjamin est à l'hôpital... » jusqu'à « ... dans le salon. »

Questions

1. Est-ce que « Benjamin » est le vrai nom de ce docteur ? Pourquoi n'utilise-t-on pas son vrai nom et sa vraie photo ?
2. Le Dr Benjamin appartient-il à une famille riche ?
3. Les appels sont-ils tous vraiment urgents ? Pourquoi le médecin se sent-il obligé de répondre à tous ?

4. Le travail d'un médecin est-il seulement d'appliquer sa science ? Quelles sont les qualités d'un bon médecin ?
5. Qu'est-ce que le docteur a fait dans le cas d'une vraie crise cardiaque ?
6. Quelles sont les conséquences de la vie du médecin sur sa vie familiale ?
7. Pourquoi dix-huit heures est-ce « l'heure des accidents » ?
8. Pourquoi le médecin a-t-il surtout peur de vieillir ?
9. Qu'est ce que le Dr Benjamin a décidé de faire pour améliorer ses conditions de travail ?
10. Du point de vue du malade, lequel est préférable : le groupe médical ou le cabinet solitaire ?

Scènes à jouer

1. La visite de onze heures trente.
   Lieu : une chambre d'hôpital.
   Personnages : le docteur, la personne qui va être opérée.
2. La visite de treize heures dix.
   Lieu : le cabinet du docteur.
   Personnages : le docteur, le garçon de dix-sept ans, la mère de celui-ci.

34 Comment trouver
un appartement

Les jeunes couples français voudraient bien trouver un joli petit appartement avant leur mariage. Mais cet appartement n'existe pas ; ou s'il existe il est beaucoup trop cher pour un budget de jeunes. Alors le couple est obligé de vivre avec les parents du mari ou de la jeune femme — ce qui met souvent en danger le nouveau mariage.

Il n'y a pas assez de logements° en France pour tous les jeunes qui se marient chaque année, et les appartements libres ne sont, en général, ni modernes ni jolis. Plus de deux millions de familles habitent des maisons construites avant 1815. Même dans les villes, la salle de bains est encore un luxe ; moins de 50 pour cent des maisons en ont une. C'est en partie à cause du manque de confort que les français ont la réputation de ne pas vouloir inviter leurs amis chez eux.

Pourquoi cette situation déplorable existe-t-elle ? D'abord, deux grandes guerres en cinquante ans ont détruit beaucoup de maisons et laissé la France très pauvre. Depuis la fin de la dernière Guerre Mondiale, le logement ne représente qu'une faible partie du budget national. Et puis la construction coûte cher parce qu'elle est faite par de petites entreprises qui n'ont pas adopté des méthodes modernes. Enfin les Français préfèrent les maisons individuelles. Ils sont hostiles à la construction de grands ensembles autour des villes.

habitations

Mais il faut les construire. Depuis quelques années seulement, le gouvernement prend les mesures nécessaires. Résultat : maintenant 300.000 nouveaux logements sont construits chaque année.

Mais avec les nouveaux appartements viennent de nouveaux problèmes. Ces appartements sont très modernes mais de très mauvaise qualité. Souvent la cuisine et la salle de bains sont trop étroites, les portes ou les fenêtres ne fonctionnent pas bien, etc. Les locataires,° étant individualistes, sont malheureux parce que tous les appartements se ressemblent.

personnes qui habitent ces appartements

La vie sociale française est en train de changer dans ces grands ensembles. Au lieu d'avoir un petit nombre de voisins, on en a maintenant des centaines, ou même des milliers. On ne fait plus le marché chez les petits commerçants de son quartier (le boulanger, le laitier, l'épicier, etc.) ; on va au supermarché. On n'amène plus ses enfants au jardin public où on pouvait rester des heures avec eux pendant qu'ils jouaient ; on les laisse jouer avec les autres enfants de l'immeuble,° ou dans des salles de jeux spéciales.

édifice divisé en appartements

Est-ce que cette vie collective est préférable à l'ancienne ? Que chacun juge° pour soi. Ce qui est sûr, c'est qu'elle est moins chère ; c'est surtout cela qui force les gens à l'accepter.

forme une opinion, un jugement

Le jour viendra, bientôt, où une bonne partie de la population française habitera ces grands ensembles. Il faut que les constructeurs apprennent à les construire mieux, et emploient des techniques modernes... et que les Français apprennent à y vivre sans perdre l'essentiel de la vie française traditionnelle.

Adaptation d'articles de *l'Express* et du *Nouvel Observateur*

[473 MOTS]

exercices

Antonymes

Trouvez un antonyme.

Les Français *acceptent* la construction de grands ensembles. → Les Français *sont hostiles* à la construction de grands ensembles.

1. Il faudra employer des méthodes modernes pour *détruire* cet immeuble.
2. Le logement représente une *bonne* partie de leur budget.
3. Les entreprises de construction n'ont pas *refusé* les nouvelles techniques.
4. Les Français n'aiment pas la vie *privée*.
5. Ils préfèrent habiter *les grands ensembles*.

Tournures

A **Les appartements sont jolis et modernes. → Les appartements ne sont ni jolis ni modernes.**

1. La vie collective est bon marché et agréable.
2. Les méthodes sont modernes et efficaces.
3. Les maisons sont jolies et confortables.
4. Les voisins sont gentils et raisonnables.
5. Les entreprises sont modernes et bien organisées.

B **La vie collective est certainement moins chère. → Ce qui est sûr, c'est que la vie collective est moins chère.**

1. La situation est certainement déplorable.
2. La cuisine est certainement trop étroite.
3. La construction est certainement bien faite.
4. Les nouveaux appartements sont certainement plus modernes.
5. Le nombre de logements est certainement insuffisant.

C **Il y a quelques années, le gouvernement a commencé à prendre les mesures nécessaires. → Depuis quelques années, le gouvernement prend les mesures nécessaires.**

1. Il y a quelques années, on a commencé à construire de grands ensembles.
2. Il y a quelque temps, les entreprises ont commencé à employer des techniques modernes.

3. Il y a quelques mois, nous avons commencé à chercher un appartement.
4. Il y a quelque temps, on a commencé à résister à la construction de grands immeubles.
5. Il y a quelques années, on a commencé à acheter la nourriture au supermarché.

Questions

1. Pourquoi les jeunes couples français ont-ils du mal à trouver un appartement ?
2. Quelles sont les plus grandes différences entre le logement français et le logement américain ? (âge, modernité, etc.)
3. Qu'est-ce qui manque à la plupart des logements en France ?
4. Pourquoi cette situation existe-t-elle ? (Il y a au moins quatre raisons.)
5. Combien de nouveaux logements sont construits chaque année ?
6. Quels sont les problèmes des nouveaux logements ?
7. Comment la vie sociale française est-elle en train de changer ?
8. Quel avantage les nouveaux logements offrent-ils ?
9. A quels problèmes faut-il encore trouver des solutions ?

Points de vue

A discuter oralement ou par écrit.

1. Le problème du logement se présente-t-il de la même façon à un couple américain ?
2. Je ne comprends pas pourquoi les familles françaises désirent avoir chacune une maison ; un appartement est tellement plus pratique.
3. Si vous pouviez avoir le logement de vos rêves, où serait-il ? Comment serait-il ?

35 Paris-Lyon-Paris

Trois journalistes devaient aller à Lyon, aux bureaux lyonnais de l'*Express* (12, rue Malesherbes), pour un déjeuner d'affaires. Que prendre ? Le train ? La voiture ? L'avion ? Ils ont pris les trois, pour comparer. La règle du jeu : partir le matin des bureaux de l'*Express* à Paris (25, rue de Berri), déjeuner à Lyon, et rentrer à Paris le soir. Suivons-les.

En train : Marie-Laure de Léotard.

7 h 10 : je marche pendant cinq minutes jusqu'au métro. Il fait froid. Il y a du monde dans le métro. Je réussis à prendre mon train à la gare, mais de justesse.°

de... au dernier moment

7 h 45 : le train part pour Lyon. Bien installée dans un compartiment de première classe, j'ai quatre heures de voyage devant moi. Je me plonge dans l'étude d'un dossier.° Mes voisins dorment. Bientôt je quitte le compartiment pour aller au wagon-restaurant prendre un petit déjeuner. Le train s'arrête une fois, pendant deux minutes, à Dijon.

je... je commence à lire mes papiers

11 h 45 : nous arrivons à Lyon, gare Perrache. J'ai pris trois pleines pages de notes en route. Je

saute dans un taxi et descends à douze heures précises aux bureaux de *l'Express*. Le voyage a duré 4 h 50.

15 h 30 : fin du déjeuner. Un taxi me conduit à la gare, où j'attrape° le train — de justesse, encore une fois. Le rapide me reconduit, en 512 km, à mon point de départ. Voyage monotone qui me permet de finir l'étude de mon dossier. Je fume quelques cigarettes pour faire passer le temps.

j'arrive à prendre

20 h 10 : le train arrive, avec dix minutes de retard. Je marche rapidement vers le métro, mais la foule° me fait perdre du temps.

grand nombre de personnes

20 h 50 : je suis à *l'Express*. Le retour a pris 5 h 20. Temps total : 10 h 10.

En voiture : Jean Girbas.

8 h 30 : départ de *l'Express*. La circulation est assez fluide, puisque vingt et une minutes suffisent° pour arriver sur l'autoroute du Sud. Voitures et camions roulent pare-chocs contre pare-chocs,° puis se

sont assez

pare-chocs contre pare-chocs

séparent peu à peu. Je peux rouler à 140 à l'heure.° Une heure après le départ, je suis à 96 km de la rue de Berri.

140 à l'heure = 87 m.p.h. (8 km = 5 *miles*)

10 h 30 : je m'arrête pendant dix minutes pour prendre de l'essence et boire une tasse de café.

12 h 35 : j'arrive devant le 12 de la rue Malesherbes. Il y a une place pour stationner.° J'ai fait 476 km en 4 h 5.

laisser la voiture

15 h 48 : après le déjeuner, je reprends la route. La sortie de Lyon est sans problèmes.

17 h 30 : cinq minutes pour prendre de l'essence, puis j'avale° les kilomètres avec une régularité de métronome. Arrivant près de Paris, la circulation se fait plus dense, mais j'arrive à *l'Express* à 19 h 43, c'est-à-dire en trois heures cinquante-cinq minutes. Temps total : huit heures pour 952 km, une moyenne de 119 km-h. Une journée un peu plus fatigante que d'habitude.

mange

En avion : Michèle Georges.

10 h : c'est le départ. J'ai eu le temps, avant, d'écrire quelques lettres dans mon bureau. Je prends ma voiture dans le garage de *l'Express*. A peine partie, je suis arrêtée, pendant dix longues minutes, par une dispute entre un autobus et un camion.

10 h 40 : l'aéroport d'Orly. Où vais-je stationner ? Dans l'énorme garage, plus de place. Dehors, plusieurs automobilistes tournent en vain, comme moi. Au troisième tour, un monsieur me cède° la place qu'il allait occuper. Je traverse l'aéroport en courant et monte dans le Boeing d'Air France. Il est onze heures.

donne

11 h 15 : l'avion part. Voyage court, passé à me batailler avec les pages d'un journal difficiles à tourner dans l'espace réservé au voyageur.

12 h 10 : nous atterrissons° à Lyon, aéroport de Bron. Je saute dans un taxi et, vingt minutes après, je suis au rendez-vous. (C'est un record : il faut quel-

nous... l'avion arrive à terre

quefois plus d'une heure entre l'aéroport et Lyon.)
Je me sens en forme pour travailler.

15 h 30 : le déjeuner fini, je pars en taxi pour
Bron. L'avion d'Air Inter est plein.

17 h 30 : Orly. J'ai laissé ma voiture, une Fiat,
sous un lampadaire,° mais lequel ? Je cherche pendant un quart d'heure ; je n'ai jamais vu autant de
Fiat ni de lampadaires. La traversée de Paris est difficile : tous les bureaux semblent se vider en même
temps.

lampadaire

18 h 40 : me voici dans le garage de *l'Express*. J'ai
encore le temps de répondre à deux messages mar-
qués « urgent, téléphoner avant dix-neuf heures »,
que je trouve sur mon bureau. Temps, aller et retour : 5 h 50.

Lequel prendre, le train, la voiture, ou l'avion ? C'est au voyageur de décider. Voici la comparaison.

Temps

(1) L'avion : 5 h 50.
(2) La voiture : 8 heures.
(3) Le train : 10 h 10.

Prix

(1) Le train : 231 F 40 (en 1re classe), y compris le taxi.
(2) La voiture : 394 francs (952 km multipliés par 0 F 33, amortissement calculé par le fisc).° 80 francs de péage° compris.
(3) L'avion : 412 francs, y compris le stationnement et les taxis.

amortissement... déduction permise sur les impôts

argent qu'on paie pour utiliser l'autoroute

Flexibilité des horaires

(1) La voiture : on part et on revient quand on veut.
(2) Le train : il y en a neuf par jour dans chaque sens.°
(3) L'avion : il y en a douze par jour dans chaque sens, mais il faut réserver sa place au moins quarante-huit heures à l'avance.

direction

Temps utilisable pour lire, travailler.

(1) Le train : 80 pour cent.
(2) L'avion : 30 pour cent.
(3) La voiture : 0 pour cent.

Confort et sécurité

(1) Le train.
(2) L'avion.
(3) La voiture.

[827 MOTS]   Adaptation d'un article de *l'Express*

exercices

Expressions

Vous souvenez-vous des expressions utilisées dans l'article ?

Il y a *beaucoup de gens* dans le métro. → **Il y a *du monde* dans le métro.**

1. J'ai réussi à prendre le train, mais *à la dernière minute*.
2. J'ai quatre heures de voyage *qui m'attendent*.
3. Une fois arrivée à Lyon, je *monte rapidement* dans un taxi.
4. Voitures et camions roulent *les uns près des autres*.
5. Ma voiture « *mange* » les kilomètres avec régularité.
6. Douze heures dix : nous *arrivons* à Lyon, aéroport de Bron.

Tournures

A *Suivez le modèle.*

La circulation devient plus dense. → **La circulation se fait plus dense.**

1. La circulation devient plus fluide.
2. La discussion devient plus intéressante.
3. Les tickets de train deviennent de plus en plus chers.
4. Les bicyclettes deviennent de plus en plus rares.
5. Les avions deviennent de plus en plus rapides.
6. Les voyageurs deviennent de plus en plus nombreux.

B *Cher ou pas cher ?*

ÉTUDIANT(E) 1 demande : *Ça coûte cher, l'avion, ou pas cher ?*
ÉTUDIANT(E) 2 affirme : *L'avion coûte cher* ou *L'avion ne coûte pas cher.*
ÉTUDIANT(E) 3 contredit : *Au contraire, je trouve que l'avion ne coûte pas cher* ou *Au contraire, je trouve que l'avion coûte cher.*

1. Ça coûte cher, le train, ou pas cher ?
2. Ça coûte cher, l'essence, ou pas cher ?
3. Ça coûte cher, l'autoroute à péage, ou pas cher ?
4. Ça roule vite, le métro, ou pas vite ?
5. Ça roule vite, l'autobus, ou pas vite ?
6. Ça roule vite, une bicyclette, ou pas vite ?

C *Racontez votre voyage.*

Vous êtes invité(e) à passer un mois en France, chez des amis qui habitent Lyon. A l'aller, vous prenez d'abord l'avion jusqu'à Paris.

Ensuite, vous prenez le métro jusqu'à la gare de Lyon, le train jusqu'à Lyon (Gare Perrache), puis un taxi jusque chez vos amis. Au retour, vos amis vous conduisent en voiture jusqu'à Orly et vous reprenez l'avion pour les États-Unis.

Racontez votre voyage (aller et retour) en utilisant les expressions suivantes :

A l'aller
- **atterrir à l'aéroport d'Orly**
- **prendre le métro**
- **arriver à la gare de Lyon**
- **attraper le train de justesse**
- **arriver à Lyon (Gare Perrache)**
- **sauter dans un taxi**
- **embrasser vos amis**

Au retour
- **sortir la voiture du garage**
- **prendre l'autoroute à péage**
- **s'arrêter pour prendre de l'essence**
- **boire un café**
- **arriver à Orly**
- **ne pas trouver de place pour stationner**
- **tourner en vain pendant dix minutes**
- **monter dans le Boeing d'Air France**

Variations : L'étudiante A raconte son voyage au présent, B au passé et C raconte le voyage de l'étudiante précédente (*elle* ou *il* au lieu de *je*).

Questions

1. Comment Marie-Laure de Léotard a-t-elle passé le temps dans le train à l'aller ?
2. A-t-elle dû attendre longtemps à la gare au retour ?
3. A quelle distance de Paris se trouve Lyon par le train ? Par la route ?
4. Combien de temps a-t-il fallu à Jean Girbas pour arriver à l'autoroute du Sud ?
5. Sur l'autoroute, la circulation était-elle fluide dès le départ ?
6. Pourquoi Jean Girbas s'est-il arrêté à dix heures trente ?
7. Quel a été le problème de Michèle Georges en arrivant à Orly avant de prendre l'avion ?
8. Est-ce que l'aéroport de Bron se trouve très près de Lyon ?
9. Quelle marque de voiture Michèle Georges possède-t-elle ?
10. Est-il plus rapide d'aller à Lyon par le train ou en voiture ?

Points de vue

Quels moyens de transports préférez-vous, et pourquoi... pour les distances courtes... les distances moyennes... les longues distances ?

36   Trois semaines à Prisunic

Prisunic. Tous les Français sont, ont été, ou seront clients à Prisunic, la plus grande chaîne de supermarchés de France. Comment est-ce du côté des employés ? Élisabeth Schemla en a fait l'expérience pour la décrire aux lecteurs de *l'Express*.

« Allô ? Prisunic ? Je voudrais savoir si vous avez besoin de vendeuses en ce moment ?

— Vous êtes française ?

— Oui.

— Mariée ?

— Non.

— Vous avez déjà travaillé ?

— Oui, mais jamais comme vendeuse.

— Ça n'a pas d'importance. Ne quittez pas. »

Elle met sa main contre le micro du téléphone, mais j'entends quand-même : « Monsieur le Directeur, est-ce qu'on a besoin de vendeuses en ce moment ?

— Non. Elle est française ?

— Oui.

— Alors, dites-lui de passer.

— Allô ? Passez à notre magasin.

— Mais, est-ce que vous recherchez des vendeuses ? Parce que j'habite à l'autre bout de Paris. Je ne voudrais pas venir jusque chez vous pour rien.

— Mademoiselle, si vous avez tant besoin de travailler, vous n'avez qu'à passer. » Déclic.

*　　*　　*

Prisunic Vaugirard. 340, rue de Vaugirard, Paris XVe. Ouvert du lundi au samedi, de neuf heures à douze heures trente et de quatorze heures trente à dix-neuf heures. Le vendredi jusqu'à vingt-deux heures.

Je pousse la porte vitrée° et pénètre dans le maga-　°en verre
sin ultra-moderne. Musique douce. Escalier roulant. « Ça serait pas mal de travailler ici. Pas désagréable du tout. J'éspère que ça va marcher. »

Je m'approche d'une vendeuse. Elle me sourit. « Le service du personnel, s'il vous plaît. » Eh non ! Je ne suis pas une cliente : le sourire disparaît. « Au fond du magasin, tout droit. » Je sens qu'elle me regarde partir.

*　　*　　*

Le test. 327.594 + 22.913. Facile. 75.371 − 8.684. Facile aussi. Ah, mais : 4.275 × 1.002. « Ecrivez juste le résultat, m'a dit l'employée du service du personnel. Vous devez calculer de tête. »

Je me demande en quoi peut bien consister le travail d'une vendeuse pour qu'on l'oblige à passer un pareil test de calcul mental. J'aurais pensé qu'on observerait plutôt sa présentation, son comportement,° sa façon de parler. Mais non... on vous demande... pas possible, j'ai dû mal lire. Non, c'est bien ça : 112.486 × 8.540 ! Moi, j'abandonne.

sa façon de se conduire

L'employée me demande de téléphoner dans l'après-midi pour avoir une réponse. Après quinze heures trente.

A quinze heures trente-et-un je téléphone.

« Oui, vous êtes engagée, Mademoiselle. Pouvez-vous commencer demain ? Bien. Alors, venez à neuf heures moins le quart.

— Neuf heures moins le quart pour commencer à neuf heures ? Mais je n'ai jamais vendu. Il faudrait peut-être que j'apprenne.

— Ce n'est pas nécessaire. Venez à neuf heures moins le quart.

A Prisunic, on reçoit une formation professionnelle en trois minutes.

*   *   *

Une semaine déjà que je travaille ici. Et pas comme vendeuse, comme caissière.° J'ai dû bien faire dans le test de calcul mental.

personne qui prend l'argent du client et lui rend la monnaie

J'ai l'habitude maintenant. Chaque matin, on consulte la liste pour savoir à quelle caisse on va travailler. Ensuite, il faut descendre au vestiaire° : un étage plus bas. Une fois en blouse,° on remonte deux étages pour aller chercher sa caisse. Puis on redescend à la section « Alimentation ». Cette petite gymnastique, quatre fois par jour, les jeunes la supportent facilement. Pas les autres. Je vois souvent des em-

endroit ou on laisse ses vêtements / vêtement de travail

ployées qui se sont arrêtées pour respirer, le visage rouge, la main sur le cœur.

Toutes les caissières aiment les cinq minutes qui précèdent l'ouverture du magasin. Le silence, les allées désertes ont un charme certain.

On discute avec la voisine.

« Salut, bien dormi ?

— Comme une masse. Je suis « tombée » à neuf heures. J'ai même pas eu le courage de regarder la télé.

— Dis-moi, Claude, combien de réduction est-ce qu'on nous donne sur les achats que nous faisons dans le magasin ?

— On n'a aucune réduction sur rien. Le seul avantage qu'on a, c'est de pouvoir aller une fois par mois au magasin Printemps Nation, à l'autre bout de Paris. Là, ils font une réduction de 15 pour cent pour les employés de Prisunic. Parce que le Printemps et Prisunic, c'est la même boîte.° »

compagnie (fam.)

*   *   *

1 F 27... 5 F 40... 1 F 18... 4 F 10...

« Combien, ces oranges ?

— 4 F 10, Madame.

— Trop cher, je ne les prend pas. » Et elle les laisse là.

« Carottes, 2 F 10. Yaourt,° 1 F 37. Voilà votre monnaie, Monsieur, merci, Monsieur, au revoir, Monsieur.

yogourt

— Hé, vous oubliez ma réduction !

— Non, monsieur, je n'oublie pas, mais la réduction de 20 centimes est déjà comprise dans le prix.

— Si j'avais su, je ne l'aurais pas pris, ce yaourt. »

Les petits vieux, quand on les voit passer à la caisse, c'est à vous fendre le cœur.° Ils ont pris juste le nécessaire : ils n'ont pas besoin de caddy,° eux ! Et ils choisissent le lait le moins cher, le petit morceau de viande le moins cher, le paquet de lentilles le moins cher. Pour nous payer, ils ouvrent un porte-monnaie° plus vieux encore que leur manteau. Ils sortent un petit billet, ils le regardent disparaître dans la caisse, puis ils vérifient la monnaie. Avec un sourire d'excuse, ils demandent le ticket. « C'est pour mes comptes, mon petit. »

c'est... c'est si triste que cela vous brise le cœur

caddy

porte-monnaie

*   *   *

Sept heures. Enfin, la journée est finie ! Nous comptons nos billets et nos pièces, nous annonçons le total à Mme Taffoureaux. « 9.488 F 77 centimes pour la 2 »°.

la caisse numéro 2

La musique se taît. L'escalier roulant s'arrête. Deux étages pour rendre la caisse, puis redescendre au vestiaire. Vite défaire les boutons de la blouse. Un étage à monter. DEHORS !

Dix heures trente-cinq minutes exactement passées à Prisunic aujourd'hui. Comme hier. Comme demain. Je repasse devant l'entrée principale, devant les grandes portes vitrées. Elles sont pour les clients, ces portes, pas pour le personnel.

Sur une des portes, il y a une petite affiche° : « On demande vendeuses. »

° annonce

[895 MOTS]   Adaptation d'un article de *l'Express*

exercices

Tournures

A   *Suivez le modèle.*

Vous avez besoin de vendeuses ? → Je voudrais savoir si vous avez besoin de vendeuses.

1. Vous avez besoin de caissières ?
2. Vous avez besoin d'un Sous-directeur ?
3. Vous avez besoin de personnel ?
4. Vous avez besoin d'une employée qualifiée ?
5. Vous avez besoin de lait aujourd'hui ?
6. Vous avez besoin de viande aujourd'hui, Madame ?
7. Vous avez besoin de lentilles pour ce soir, Monsieur ?

B   **ÉTUDIANT(E) 1 : As-tu déjà travaillé comme *vendeur (-euse)* ?**
ÉTUDIANT(E) 2 : Non, jamais.
ÉTUDIANT(E) 3 : Moi si, une fois, pendant *un mois*. (réponse libre :
deux mois, un an, etc.)

1. caissier (-ière)
2. directeur (directrice)
3. employé(e) de bureau
4. chauffeur de taxi
5. ouvrier (-ière)

C
    Le client : Vous avez des *oranges* ?
    La vendeuse : Non, je n'en ai pas, je suis désolée.
    Le client : Ça n'a pas d'importance, alors je prendrai des *bananes*.

1. des carottes ? / des tomates
2. des yaourts ? / du fromage blanc
3. du lait ? / de la crème
4. de la viande ? / des œufs
5. des lentilles ? / des carottes
6. des tomates ? / des pommes

Conversations téléphoniques

A
    La directrice : Demandez-lui si *elle est française*.
    La secrétaire : Vous êtes française, Mademoiselle ?
    La jeune fille : Oui, je suis française.

1. elle est mariée
2. elle a des enfants
3. elle a déjà travaillé
4. elle a travaillé comme vendeuse
5. elle a travaillé comme caissière
6. elle peut passer à notre magasin
7. elle peut passer vers onze heures et demie

B
    (Vous voulez savoir quand vous pouvez venir.)

    Le jeune homme (ou la jeune fille) : Quand puis-je venir ?
    La secrétaire: Quand peut-il venir, Monsieur le Directeur ?
    Le Directeur : Dites-lui *qu'il peut venir demain matin*. (réponse libre :
    qu'il peut venir quand il veut, etc.)

1. (Vous voulez savoir à quelle heure vous pouvez venir.)
2. (Vous voulez savoir s'il vous engagera comme vendeuse ou comme caissière.)
3. (Vous voulez savoir combien d'heures par semaine vous allez travailler.)
4. (Vous voulez savoir combien vous serez payé.)
5. (Vous voulez savoir si vous aurez une réduction sur vos achats.)

Questions

1. Pourquoi fait-on passer à la jeune femme un test de calcul mental avant de l'engager ?
2. Que doit faire chaque caissière le matin en arrivant ?

3. Quels avantages les employés de Prisunic ont-ils ? Ont-ils des réductions sur leurs achats faits dans le magasin ?
4. Pourquoi les petits vieux n'ont-ils pas besoin de caddy pour faire leur marché ?
5. Combien d'heures par jour les caissières travaillent-elles à Prisunic ?
6. Pourquoi certaines employées s'arrêtent-elles, la main sur le cœur ?
7. Vers quelle heure est-ce que la caissière sort de son travail ?

Réflexions sur l'article

1. Quand la jeune femme veut s'assurer qu'elle ne viendra pas au magasin pour rien, la secrétaire lui répond au téléphone : « Mademoiselle, si vous avez tant besoin de travailler, vous n'avez qu'à passer », et elle termine brusquement la conversation. Que pensez-vous de l'attitude de la secrétaire ? A quoi cette attitude est-elle dûe, à votre avis ? Est-ce que cette scène se passerait de la même façon à New York ou à Chicago ?
2. Quels sont les détails qui montrent les rapports qui existent entre le directeur et le personnel, le personnel entre eux, le personnel et les clients ? (Bonne entente ? Hostilité ? Amabilité fausse ou vraie ? Manque de courtoisie ?...)
3. Aimeriez-vous travailler dans un Prisunic ? Qu'est-ce qui rend ce travail agréable (désagréable) ?

vocabulaire

The vocabulary contains all the words that appear in the text except the definite article and proper names. Definitions given are only those applicable to the text. Irregular verb forms are listed alphabetically, not under the infinitive form. Irregular noun plurals are listed, as are irregular feminine forms of adjectives and nouns derived from adjectives.

The following abbreviations are used:

abbr	abbreviation	*imp*		imperative
cond	conditional	*pl*		plural
f	feminine	*pp*		past participle
m	masculine	*pres par*		present participle
fam	familiar	*subj*		subjunctive
fut	future			

a
a (**avoir**) : **il a**   he has
à   at, to
abandonnant (*pres par of* **abandonner**)
   abandoning
abandonner   to abandon
d'abord   first, at first
abréviation *f*   abbreviation
absence *f*   absence
absolument   absolutely
absurde   absurd, senseless
abusif   wrong
accepter   to accept
   s'il accepte de le faire   if he agrees to
   do it
accessible   accessible
accident *m*   accident
accompagner   to accompany
   accompagné de   accompanied by
accomplir   to accomplish
accord *m*   agreement
   d'accord   in agreement
accorder   to grant; to give
   s'accorder   to agree with
accrocher   to hang
accusant (*pres par of* **accuser**)   accusing
achat *m*   purchase
acheter   to buy
achèterais (*cond of* **acheter**) : **je**
   n'achèterais jamais   I would never
   buy
acheteur *m*   buyer
acte *m*   act
acteur *m*   actor

actif   active
action *f*   action
activité *f*   activity
actrice *f*   actress
actualités *f pl*   current events, news
actuel (**-elle**)   present, current
actuellement   now, at the present time
adaptation *f*   adaptation
adapter   to adapt, adjust
   adapté de   adapted from
adjectif *m*   adjective
admettre   to admit
administratif   administrative
administration *f*   administration
administrer   to govern; to administer
admirablement   admirably
admirer   to admire
adolescence *f*   youth
adolescent *m*   adolescent, youth, young
   person
adopter   to adopt, take up
adorer   to adore
adresse *f*   address
s'adresser à   to apply to
adulte *m or f*   adult
aérien   aerial
aéroport *m*   airport
aéropostale   air postal
affaiblir   to weaken
affaire *f*   business, matter
affection *f*   affection
affiche *f*   announcement, notice, sign
affirmer   to declare, assert
affolé (*pp of* **affoler**)   upset

africain African
Afrique f Africa
âge m age
  âge des métaux Bronze Age, c. 2000 B.C.
  âge d'or Golden Age
âgé old
agent m agent
  agent de police m police officer
s'agir de to be a question of
s'agit de (s'agir de) : il s'agit de it's a question of
agréable agreeable, pleasant
ah ! ah!
ai (avoir) : j'ai I have
  je n'en ai pas I don't have any
aide f aid, help
aider to help
d'ailleurs besides
aimer to like, love
ainsi thus; therefore
air m air; appearance
  avoir l'air to seem, appear
aisé wealthy
ajoutez (imp of ajouter) add
alcoolique alcoholic
alerte alert
aliment m food
alimentaire of, for eating
alimentation f food
allaient (aller) : ils allaient they went
allant (pres par of aller) : en allant while going
allé (pp of aller) : je suis allé I went
allée f alley, lane
Allemagne f Germany
allemand German
Allemand m (a) German
aller to go
  à l'aller going
  aller et retour round trip
allez (aller) : vous allez le savoir you are going to find out
allié m ally
allions (aller) : nous allions we used to go
allô hello (telephone greeting)
allocation f allocation
  allocation familiale family allowance
allure f manner, style
alors then, so
  alors que whereas; when
Alpes f pl Alps
amabilité f amiability
amasser to accumulate
ambassade f embassy
ambition f ambition

ambulance f ambulance
améliorer to improve
amener to bring; to lead; to bring about
amènera (fut of amener) : qui l'amènera which will bring him
américain American
  à l'américaine American-style
Américain m (an) American
Amérique f America
Amérique du Sud f South America
ami m friend
amitié f friendship; affection
amortissement m amortization
amour m love
amusant amusing
s'amuser to enjoy oneself, have fun, have a good time
an m year
  à 12 ans at age 12
  de 24 ans 24 years old
analysant (pres par of analyser) : en analysant upon analyzing
ancêtre m ancestor, forebear
ancien ancient, old; former
anglais English
Anglais m (an) Englishman
Angleterre f England
Anglo-Américain m (an) Anglo-American
animal m animal
animaux (pl of animal)
année f year
  d'année en année from year to year
  l'année scolaire the school year
  les années 40 the forties
  ces dernières années in the last few years
annonce f announcement; advertisement
annoncer to announce
anonyme anonymous, nameless
anticoagulant m anticoagulant
antiféministe antifeminist
antilope f antelope
antonyme m antonym
août m August
s'aperçoit (s'apercevoir) : on s'aperçoit one realizes, notices
aperçu (pp of s'apercevoir) : je me suis aperçu I realized
appartenir to belong
appel m call
appelé (pp of appeler) called, named
appeler to call; to name
  s'appeler to be named
appétit m appetite
applicable applicable, appropriate
appliquez (imp of appliquer) apply
apporter to bring

apprenant (*pres par of* apprendre)
   teaching
apprend (apprendre) : il apprend he is
   learning
apprendre to learn; to teach
apprenne (*subj of* apprendre) : que
   j'apprenne that I learn
apprennent (apprendre) : ils apprennent
   they learn
apprenti *m* apprentice
appris (*pp of* apprendre) : il a appris he
   learned
s'approcher to draw near
approuver to approve; to agree to
après after
  d'après according to
  après avoir after having
  après tout after all
après-midi *m* afternoon
aptitude *f* aptitude; capacity
Arc de Triomphe *m* Arch of Triumph
archéologique archeological
architecte *m* architect
argent *m* money
arme *f* arm, weapon
armée *f* army
arrangeant (*pres par of* arranger)
   settling; conciliatory
arranger to settle, arrange
  s'arranger to manage; to settle matters
arrêt *m* : arrêt du cœur heart stoppage
  arrêt de travail medical excuse (*to stay
   home from work*)
arrêter to stop; to arrest
  s'arrêter to stop
arrière rear
arrivé (*pp of* arriver) : il est arrivé he
   arrived;
  ils y sont arrivés they succeeded
arrivée *f* arrival
  à mon arrivée when I arrived
arriver to arrive; to happen
  vous arrive-t-il de... ? do you ever. . . ?
arriver à to succeed (in)
art *m* art
article *m* article
artificiel artificial
artiste *m* artist
artistique artistic
as (avoir) : tu as you have
aspect *m* appearance; look; aspect
s'asseyent (s'asseoir) : ils s'asseyent they
   sit
assez enough; rather
s'assied (s'asseoir) : elle s'assied she sits
   down
assiette *f* plate

assis (*pp of* asseoir) seated
assister à to attend
association *f* association
assurance *f* self-confidence
assurer to assure; to insure
atelier *m* shop
l'Atlantique *m* the Atlantic
atmosphère *f* atmosphere
attacher to attach
attaque *f* attack
attendait (attendre) : qui m'attendait
   who was waiting for me
attendre to wait; to wait for, await
attentif careful
attention *f* attention; care
atterrir to land
attitude *f* attitude
attraper to grab, catch
attribuer to attribute
aucun not any, none
audacieux bold, daring
au-dessus de above, over
augmenter to increase
aujourd'hui today
auquel, à laquelle to which
aura (*fut of* avoir) : il aura he will have
  il y aura there will be
  qui aura 51 km de long which will be
   51 km in length
aurais (*cond of* avoir) : j'aurais I would
   have
auras (*fut of* avoir) : tu auras you will
   have
aurez (*fut of* avoir) : vous aurez you will
   have
auriez (*cond of* avoir) : auriez-vous ?
   would you have?
aurons (*fut of* avoir) : nous aurons we'll
   have
aussi also, too; as, so
  aussi... que as . . . as
austère austere
austérité *f* austerity
autant (de) so much, so many; as much,
   as many
autobus *m* bus
automobile *f* automobile, car
automobiliste *m and f* driver
autorité *f* authority
  les autorités the authorities
autoroute *f* express highway
autour around, about
autre other
  autre chose something else
  d'autres others, other people
  les autres other people
autrefois formerly

autrement otherwise
Auvergnat *m* man from Auvergne
Auvergne *f* province in south-central
    France
avaient (avoir) : ils avaient they had
avais (avoir) : si j'avais if I had
avait (avoir) : il avait he had
    avait 20 ans was 20 years old
avaler to swallow
avance *f* advance
    à l'avance in advance
avancé advanced
avancer to move forward
avant before
    avant J.-C. B.C.
    avant de pouvoir before being able
avantage *m* advantage
avec with
avenir *m* future
aventure *f* adventure
avenue *f* avenue
avez (avoir) : vous avez you have
    vous n'avez qu'à passer you can darn
    well come by
aviateur *m* aviator
aviation *f* aviation
avion *m* airplane
avions (avoir) : nous avions we had
avis *m* opinion
avoir to have
    avoir l'air to look, seem
    avoir peur to be afraid
avons (avoir) : nous avons we have
avril *m* April

b

baccalauréat *m* school graduation
    degree
bachot (baccalauréat) *m* school
    graduation degree
bachoter to cram for the bachot
bain *m* bath
baiser to kiss
baisser to lower
balle *f* ball
ballet *m* ballet
banane *f* banana
banc *m* bench
banque *f* bank
baptiser to baptize
bar *m* bar
barbier *m* barber (*Canadian*)
barbu *m* bearded man
bas low
    tout bas softly
basket-ball *m* basketball
bas-relief *m* bas-relief, low relief

bataille *f* battle
se batailler to do battle
bateau *m* boat
beau, belle beautiful, fine
beaucoup (de) much, many
beauté *f* beauty
bébé *m* baby
belle *see* beau
besoin *m* need
    avoir besoin (de) to need; to need to
bête *f* animal
    c'est bête that's dumb
beurre *m* butter
bibliothèque *f* library
bicyclette *f* bicycle
bien well, right; many; good
    bien des many
    bien sûr of course
bientôt soon
bière *f* beer
billet *m* bill (*money*)
bizarre bizarre, strange
blanc, blanche white; blank (*paper*)
blasphémer to blaspheme, curse
bleu blue
blond blond
blonde *f* (a) blonde
blouse *f* smock
Boeing *m* Boeing (*airplane*)
bohème bohemian
boire to drink
bois (boire) : je bois I drink
boisson *f* drink
boit (boire) : on boit one drinks
boîte *f* can; box; case; outfit (*fam*)
boivent (boire) : ils boivent they drink
bon good
    bon marché inexpensive
bonhomme *m* fellow
bonjour *m* hello
bonne *f* maid
bord *m* edge; bank, shore
    au bord de la mer at the seashore
    au bord de la rivière to the riverbank
bouche *f* mouth
boulanger *m* baker
boulot *m* job (*fam*)
bourgeois middle-class
bourse *f* scholarship, financial aid
bout *m* end
bouton *m* button
bras *m* arm
Bretagne *f* Brittany
brillant brilliant
briser to break
Brittanique *m* Englishman
bronzé tanned

brossé (*pp of* brosser) : nous nous
   sommes brossé les dents   we brushed
   our teeth
bruit *m*   noise
brusquement   brusquely
bruyant   noisy
bu (*pp of* boire) : il a tout bu   he drank it
   all
   il a trop bu   he's had too much to drink
bûche *f*   log
budget *m*   budget
bureau *m*   office
   bureau de poste *m*   post office
   bureau de tabac *m*   tobacco shop
bureaux (*pl of* bureau)
buveur *m*   drinker
buvons (boire) : nous buvons   we drink

c

ça (*contraction of* cela)   that, this
cabinet *m*   doctor's office
cacher   to hide
   se cacher   to hide oneself
caddy *m*   shopping cart
cadeau *m*   gift
cadre *m*   frame; executive
café *m*   coffee; café
   café au lait   *French breakfast drink: half
      coffee, half warm milk*
cage *f*   cage
caisse *f*   cash box, cash register
Caisse d'Épargne *f*   savings bank
caissière *f*   cashier
calculer   to calculate
calendrier *m*   calendar
Californie *f*   California
calmant *m*   tranquilizer
calme   calm, quiet
calmer   to calm
camarade *m or f*   comrade, schoolmate,
   fellow-
camion *m*   truck
camp *m*   camp; side (*team*)
campagne *f*   country
campeur *m*   camper
camping *m*   camping
Canada *m*   Canada
canadien   Canadian
canard *m*   duck
candidat *m*   candidate
caoutchouc *m*   rubber
capable   capable
capital *m*   capital, assets
capitalisme *m*   capitalism
car   because
caractériser   to characterize
cardiaque   cardiac, heart-

cardiologue *m*   cardiologist
carotte *f*   carrot
carte *f*   map
carte d'identité *f*   identification card
carte postale *f*   postcard
cas *m*   case
casserole *f*   saucepan
catastrophe *f*   catastrophe, disaster
catholique   Catholic
cause *f*   cause
   à cause de   because of
causer   to cause
cave *f*   cellar, basement
caviar *m*   caviar
ce   this, that; he, she, it
ce (cet), cette   this, that
   ces   these, those
ceci   this
céder   to cede, hand over
cela   that
   cela ne se fait pas   that just isn't done
célèbre   famous
célébrer   to celebrate
celle (s)   *see* celui
celui, celle   the one, that
   celui-ci   he, the latter
   ceux, celles   they, those, them
cent   hundred
centaine *f*   about a hundred
centime *f*   centime (*100 centimes = 1
   franc*)
centre *m*   center
cependant   however
cérémonie *f*   ceremony, pomp
certain   certain, sure; a certain . . .
certainement   certainly
ces   *see* ce
cesser   to cease, stop
c'est   it is
   c'est-à-dire   that is to say, in other
      words
   c'est toujours moi qui...   I'm always the
      one who . . .
cet, cette   *see* ce
ceux   *see* celui
chacun   each (one)
   Que chacun juge pour soi   Let
      everyone decide for himself
chaîne *f*   chain
chaise *f*   chair
chambre *f*   room
champagne *m*   champagne
championnat *m*   championship
chance *f*   luck, fortune; chance
   avoir de la chance   to be lucky
changement *m*   change
changer   to change

chanteur *m* singer
chapeau *m* hat
chapitre *m* chapter
chaque each
se charger to be entrusted with
charmant charming
charme *m* charm
château *m* castle
chaud hot, warm
chauffage *m* heating
chauffer to heat
   faire chauffer to heat
chauffeur *m* chauffeur; driver
chef *m* head, superior
chef-d'œuvre *m* masterpiece
chemin *m* road, route
chemin de fer *m* railroad
chemise *f* shirt
cher, chère dear; expensive
chercher to look for, search for
   chercher à to attempt
cheveux *m pl* hair
chez at the house of; at
   chez eux at home
   chez moi at home; at my house; to my
    house
   chez nous at our house
chic chic, stylish
chien *m* dog
chiffre *m* figure
chimique chemical
chimiste *m* chemist
chimpanzé *m* chimpanzee
choisi (*pp of* choisir) : il a choisi he
   chose
choisir to choose
choisissent (choisir) : ils choisissent
   they choose
choisissez (choisir) : vous choisissez you
   choose
choisissons (choisir) : nous choisissons
   we choose
choisit (choisir) : il choisit he chooses
choix *m* choice
   choix multiple *m* multiple choice
chose *f* thing
chrome *m* chrome
-ci : cette fois-ci this time
   celle-ci this one
Cie *f* (*abbr of* compagnie) company
ciel *m* sky
cigarette *f* cigarette
cinéma *m* movies
cinq five
cinquante fifty
cinquième fifth
circonstances *f pl* circumstances

circulation *f* traffic
circuler to circulate; to flow
cité (*pp of* citer) mentioned
citoyen *m* citizen
Citroën *f* a French car
civilisation *f* civilization
clair clear, obvious; light
clairement clearly
classe *f* class; social class
classique classical
clef *f* key
   fermer à clef to lock
client *m* client, customer
clientèle *f* clientele
cloche *f* bell
club *m* club
Coca-Cola *m* Coca-Cola
code légal legal code
cœur *m* heart
   par cœur by heart
collectif, -ive collective
collection *f* collection
colline *f* hill
cologne *f* cologne
colosse *m* colossus, strongman
combat *m* combat, battle
combattre to fight, to oppose
combien (de) how much; how many
comédien, -ienne *m and f* actor, actress
commander to command
comme like, as
   comme avant as before
   comme si as if
commencement *m* beginning
commencer (à) to begin (to)
comment how
commerçant *m* merchant; shopkeeper
commerce *m* commerce, trade
commercial commercial, business
communauté *f* community
compagnie *f* company
   en compagnie de in the company of
comparaison *f* comparison
comparer to compare
compartiment *m* compartment (*train*)
compétiteur *m* competitor (*sport*)
compétition *f* competition
complet complete
complètement completely
compléter to complete
complexe *m* complex
compliment *m* compliment
compliqué (*pp of* compliquer)
   complicated
comportement *m* conduct, behavior
se composer (de) to be composed of
composition *f* composition

compréhensible comprehensible
compréhension *f* understanding
comprenaient (comprendre) : ils ne
  comprenaient pas they didn't
  understand
comprend (comprendre) : il comprend
  he understands
comprendre to understand
comprends (comprendre) : je comprends
  I understand
compris (*pp of* comprendre) : ils ont
  compris they understood
  compris included
  y compris including
compte *m* account, record
compter *m* to count, count up
comptez (compter) : vous comptez (sur)
  you are counting on
concerne : en ce qui
  concerne concerning, as concerns
concerner to concern, to regard
concert *m* concert
condition *f* condition, state
conducteur *m* driver
conduire to drive
conduisant (*pres par of* conduire) driving
conduisez (conduire) : vous conduisez
  you drive
conduit (*pp of* conduire) : il m'a conduit
  he drove me
confiance *f* confidence
confirmer to confirm
confort *m* comfort
confortable comfortable
connais (connaître) : je connais I know
connaissaient (connaître) :
  ils connaissaient they knew
connaissais (connaître) : je connaissais
  I knew
connaissance *f* knowledge
connaissent (connaître) :
  ils connaissent they know
connaisseur *m* knowledgeable person,
  connoisseur
connaissons (connaître) :
  nous connaissons we know
connaît (connaître) : il connaît he knows
connaître to know
connu (*pp of* connaître) known; well-
  known
conquérir to conquer, to win over
consacrer to devote
conscience *f* conscience
consciencieux conscientious
conseil *m* advice; council
conseiller to advise
conséquence *f* result

conserver to conserve
conserves *f pl* canned food
considérable considerable
considérer to consider
consommation *f* consumption
constamment constantly
constituer to constitute
constructeur *m* builder
construction *f* construction
construire to construct, build
consultation *f* consultation
consulter to consult
contact *m* contact, relation
contacter to contact
content happy, content, satisfied
contiennent (contenir) : ils contiennent
  they contain
contient (contenir) : il ne contient pas
  it doesn't contain
continent *m* continent
continuer to continue
contraire *m* contrary, opposite
  au contraire on the contrary
contraste *m* contrast
contre against
contribué (*pp of* contribuer)
  contributed
controversé controversial
convenable appropriate, suitable
conventionnel conventional
conversation *f* conversation
convient (convenir) : qui convient which
  fits, is suitable
copain *m* pal, buddy
copie *f* copy; exam paper
copier to copy
co-pilote *m* copilot
corps *m* body
correcteur *m* corrector
correspondre to correspond
corriger to correct
corrigez (*imp of* corriger) correct
cosmonaute *m* astronaut
costume *m* costume; suit
côté *m* side; aspect; direction
  à côté de beside
coucher : le coucher du soleil sunset
se coucher to go to bed
couleur *f* color
coup *m* blow
  coup de téléphone phone call
  au premier coup de sonnette on the
    first ring
couper to cut
couple *m* couple
courage *m* courage
courageux courageous

courant (*pres par of* **courir**) running
coureur *m* racer
courir to run
courrier *m* messenger; mail
  « le Courrier du Cœur » advice to the
    lovelorn
cours *m* course (*of study*)
  au cours de during the course of
course *f* errand; running
court short
courtoisie *f* courteousness, courtesy
couru (*pp of* **courir**) : ils ont couru they
  ran
cousin *m* cousin
coûté (*pp of* **coûter**) cost
couteau knife
coûter to cost
coûterait (*cond of* **coûter**) : il coûterait trop
  cher it would be too expensive
coutume *f* custom, habit
cravate *f* necktie
crédit *m* credit
  à crédit on credit
créé (*pp of* **créer**) created
créer to create
crème *f* cream
cri *m* cry
cricket *m* cricket
crime *m* crime
criminel *m* criminal
crise *f* crisis
  crise cardiaque heart attack
croient (**croire**) : d'autres croient others
  believe
croire to believe
crois (**croire**) : je crois I believe
croiser to cross
croit (**croire**) : il croit he believes
croyais (**croire**) : je croyais I believed
croyait (**croire**) : il croyait he believed
croyez (**croire**) : croyez-vous ? do you
  believe?
croyons (**croire**) : nous croyons we
  believe
cruellement cruelly
cuillère *f* spoon
cuisine *f* cooking; kitchen
cuisinier *m* cook
cuit (*pp of* **cuire**) cooked
curieux strange
cyclisme *m* cycling

d
dame *f* lady
danger *m* danger
dangereux dangerous
dans in; into

danser to dance
date *f* date
dater de to date from
davantage more; longer
de of; from; by
débat *m* debate
débouchera (*fut of* **déboucher**) : il
  débouchera it will emerge
debout upright, standing
se débrouiller to manage
début *m* beginning, start
débuter to begin, start out
décembre *m* December
décent decent
décider to decide
décision *f* decision
déclarer to declare
déclic *m* click
décor *m* decoration
découragement *m* discouragement
décourager to discourage
découvert (*pp of* **découvrir**) : il a
  découvert he discovered
  qui n'a pas encore été
    découvert which has not yet been
  discovered
découverte *f* discovery
découvrent (**découvrir**) : ils découvrent
  they discover
découvrir to discover
décrire to describe
décrivent (**décrire**) : vous décrivez you
  describe
dedans inside
déduction *f* deduction
défaire to undo
défavorisé at a disadvantage
défilé *m* parade
définition *f* definition
dehors outside
déjà already
déjeuner to eat lunch
  petit déjeuner *m* breakfast
délicieux delicious
demain tomorrow
demande *f* request, application
demander to request, ask, ask for
  se demander to wonder
demeurer to live; to reside
demi *m* half
démontrer to demonstrate
dénonçant (*pres par of* **dénoncer**)
  denouncing
dense dense
dent *f* tooth
dentiste *m* dentist
départ *m* departure

dépêcher to hurry
  se dépêcher to hurry up
dépend (dépendre) : cela dépend that depends
dépendant dependent
dépendre de to depend on, be dependent on
dépenser to spend
déplorable deplorable, wretched
déplorer to deplore
dépression *f* depression
  faire une dépression nerveuse to have a nervous breakdown
déposer to depose
depuis since
  attend depuis plus longtemps has been waiting longer
  depuis quelque temps recently, in the last few days (years, etc.)
  ont, depuis toujours, have always had
déranger to disturb
dernier, dernière last, latest
derrière behind
dès since, starting from
désagréable disagreeable
désavantage *m* disadvantage
descendras (fut of descendre) : tu descendras you will descend
descendre to descend, go down, get out (*of a car, train, etc.*)
descends (descendre) : tu descends you descend
description *f* description
désert deserted
désert *m* desert
désir *m* desire
désirer to desire
désolé : je suis désolé I'm very sorry
dessert *m* dessert
dessin *m* drawing, sketch
dessus on, upon
destination *f* destination
destructif destructive
détail *m* detail
détester to detest
détruit (pp of détruire) destroyed
deux two
deuxième second
deuxièmement secondly
devaient (devoir) : (ils) devaient aller they were supposed to go
devait (devoir) : on devait les protéger they had to be protected
devant before, in front of
développé (pp of développer) developed
se développer to develop, grow
devenir to become

devenu (pp of devenir) : il est devenu it has become
devez (devoir) : vous ne devez pas you must not
  vous devez nager comme un poisson you must swim like a fish
deviendra (fut of devenir) : qui deviendra who will become
deviendraient (cond of devenir) (they) would become
devient (devenir) : il devient he (it) becomes
devoir *m* duty; exercise; homework
devoir to have to
devra (fut of devenir) : il devra he will have to
devrait (cond of devoir) : il devrait he should
dictionnaire *m* dictionary
dieu *m* god
différence *f* difference
différent different
difficile difficult
  difficile à vivre difficult to live with
difficilement with difficulty
difficulté *f* difficulty
  en difficulté in trouble
dimanche *m* Sunday
diminuer to diminish, decrease
dîner to dine, have dinner
dîner *m* dinner
dirai (fut of dire) : je lui dirai I'll say to her
dire to say, tell
  c'est-à-dire in other words
direct direct
directement *m* directly, straight
directeur, directrice *m and f* director
direction *f* direction
dirigé (pp of diriger) directed
diront (fut of dire) : ils diront they will say
disais (dire) : je me disais I said to myself
disait (dire) : il disait he said
disant (pres par of dire) : en disant while saying
discipline *f* discipline
discussion *f* discussion
discuter to discuss
disent (dire) : ils disent they say
disparaître to disappear
disparu (pp of disparaître) disappeared
disposition *f* disposition
dispute *f* dispute, argument
disque *m* record
dissertation *f* essay, composition

distance *f* distance
distinction *f* distinction
distingué distinguished
distraction *f* amusement; recreation
se distraire to amuse oneself
distribuer to distribute
dit (dire) : on dit they say, one says
dit (*pp of* dire) : il m'a dit he said to me
  il lui dit he tells him
dites (dire) : vous dites you say
divers diverse, various
diviser to divide, divide up
divorce *m* divorce
dix ten
dix-huit eighteen
dix-neuf nineteen
dix-sept seventeen
doigt *m* finger
dois (devoir) : je dois I must
  dois-je ? Should I?
doit (devoir) : il doit he must, it must
doivent (devoir) : ils doivent they
    must
dollar *m* dollar
domaine *m* domain; field
donc therefore
donner to give
  donner l'exemple to set the example
  donner le jour to (help to) give
    birth
dont of which, whose
dormant (*pres par of* dormir) : en
    dormant while sleeping
dormir to sleep
dort (dormir) : il dort he sleeps
dos *m* back
dossier *m* (*official*) file
doute *m* doubt
  sans doute no doubt, probably
douter to doubt
doux, douce sweet, soft, gentle
douze twelve
Dr (*abbr of* Docteur) Doctor
drame *m* drama
drapeau *m* flag
se dresser to rise
se droguer to take drugs
droit right; straight
droit *m* right; law
droite : à droite to the right
drôle funny
dû (*pp of* devoir) : j'ai dû I was obliged
    to
  j'aurais dû I should have
durée *f* life
durer to last
dynastie *f* dynasty

e

eau *f* water
  eau minérale *f* mineral water
échec *m* failure
échouer to fail
école *f* school
économie *f* economy
économique economical
écouter to listen to
écrire to write
écris (écrire) : j'écris I write
écrit : par écrit in writing
écrit (écrire) : il écrit he is writing
écrit (*pp of* écrire) : il a écrit he wrote
écrivain *m* writer
écrivent (écrire) : elles écrivent des
    lettres they write letters
édifice *m* building
éducation *f* education
effectuer to achieve; to carry out
efféminé effeminate
effet *m* effect; result
  en effet really, in fact
efficace effective
effort *m* effort
effrayé frightened
égal *m* equal
église *f* church
Eh non ! Oh, no
élégance *f* elegance
élégant elegant, stylish
éléphant *m* elephant
élève *m or f* student
élevé (*pp of* élever) erected
  bien élevé well brought up
éliminer to eliminate
elle she, her
elle-même herself
s'éloignera (*fut of* s'éloigner) : il s'éloignera
    it will go away
embrasser to kiss
émotion *f* emotion; excitement
empêcher to stop, prevent
employé *m* employee
employer to employ; use
emprunter to borrow
en in; of; some
  en fait in fact
encore still; yet; again; also
encourageant (*pres par of* encourager)
    encouraging
encouragement *m* encouragement
encourager to encourage
endormi sleeping
endormir to put to sleep
  s'endormir to fall asleep
endroit *m* place, spot

enfance *f* childhood
enfant *m and f* child
enfin finally
engager to engage; to hire
ennemi *m* enemy, foe
énorme enormous
enquête *f* investigation
s'enrhumer to catch a cold
enrichir to enrich
enseigne (enseigner) : qui enseigne who
   teaches
ensemble together
ensemble *m* mass; whole; housing
   development
ensuite afterwards, then
entendre to hear
  entendre parler de to hear of
  s'entendre to be heard; to agree
entente *f* understanding
enthousiasme *m* enthusiasm
s'enthousiasmer to become enthusiastic
entièrement entirely
entouré (*pp of* entourer) surrounded
entraînement *m* training, practice (*sport*)
entraîner (s'entraîner) to train (*sport*); to
   bring about, entail
entraîneur *m* trainer
entre between, among
entrée *f* entry; admission; entrance
entrent (entrer) : ils entrent they enter
entreprise *f* enterprise, company
entrer to enter
enveloppe *f* envelope
envers toward
environ about, approximately
envoie (envoyer) : il envoie he sends
envoient (envoyer) : ils l'envoient they
   send him
  ils vous envoient promener they
   dismiss you rudely
envoyé (*pp of* envoyer) sent
envoyer to send
envoyez (*imp of* envoyer) send
épaule *f* shoulder
épicier *m* grocer
époque *f* epoch, age; period
  à l'époque des vacances at vacation
   time
épouser to marry
épreuve : épreuve sportive *f* game, match
épuisant exhausting
équilibre *m* balance, equilibrium
équipe *f* team
équipé (e) equipped
équiper to equip
équivalent *m* equivalent
erreur *f* error, mistake

es (être) : tu es you are
escalier *m* stairs
escalier roulant *m* escalator
espace *m* space
Espagne *f* Spain
espagnol Spanish
espère (espérer) : on espère it is hoped
espérer to hope
espion *m* spy
espionnage *m* espionage, spying
espoir *m* hope
essaie (essayer) : j'essaie I try
essayait (essayer) : chacun essayait
   each one tried
essayé (*pp of* essayer) : il a essayé he
   tried
essayez (essayer) : vous essayez you try
essence *f* gasoline
essentiel essential
essentiel *m* essence
est *m* east
est (être) : c'est it is
  est-ce... ? is it...?
  est-on... ? is one...?
estimer to estimate
et and
étage floor
étaient (être) : ils n'étaient pas they
   weren't
étais (être) : j'étais I was
était (être) : il était he was, it was
étant (*pres par of* être) being
état *m* state
l'État *m* the government
États-Unis *m pl* United States
été *m* summer
été (*pp of* être) : il a été he was, it was
éternel eternal
êtes (être) : vous êtes you are
étions (être) : nous étions we were
étonnant astonishing, amazing
étonné (*pp of* étonner) astonished
étrange strange
étranger foreign
être to be
  être à to belong to
étroit narrow, small
étroitesse *f* narrowness
étude *f* study; research
  a fait 10 ans d'études studied for 10
   years
étudiant, étudiante *m and f* student
étudié (*pp of* étudier) : il avait étudié he
  had studied
étudier to study
eu (*pp of* avoir) : il a eu he had, it had
  j'ai eu peur I was scared

Europe *f* Europe
Européen *m* (a) European
eux them, they
  à eux of their own
eux-mêmes themselves
évaluation *f* estimate
évaluer to evaluate
évidemment obviously, of course
évident evident, clear, plain
évolution *f* evolution
exactemment exactly
exagérer to exaggerate
examen *m* examination, test
examiner to examine
excepté except
exceptionnel exceptional, unusual
excessive excessive
exclusivement exclusively
excursion *f* excursion, trip, outing
excuse *f* excuse
exécuter to execute; to carry out
exemple *m* example
  par exemple for example
exercer to exercise; to exert;
    to practice
  s'exercer to exercise; to keep in shape;
    to practice
exercice *m* exercise
exhibition *f* exhibition
  donner une exhibition de... to show
    off . . .
exigera (*fut of* **exiger**) **: il exigera** it will
    require
s'exiler to go into exile
exister to exist; to be; to live
exotique exotic
expansion *f* expansion, enlargement
expérience *f* experience; experiment
expérimental experimental
expert skilled
expert *m* expert
explication *f* explanation
expliquer to explain
exploration *f* exploration
exposé (*pp of* **exposer**) exhibited
exposition *f* exhibition
expression *f* expression
extérieur *m* outside
extraordinaire extraordinary
extrêmement extremely

f

fabrication *f* manufacture; production
fabriquant *m* manufacturer
fabrique *f* works
fabriquer to produce, manufacture
façade *f* facade, exterior

face *f* face
  en face de face to face with
faire face à to face up to, cope with
facile easy
facilement easily
façon *f* manner, way, mode
faible weak, feeble
faim *f* hunger
  avoir faim to be hungry
faire to do; to make
  faire baptiser to have baptized
  faire connaître to make known
  faire face à to cope with
  faire la queue to stand in line
  faire semblant to pretend
  se faire voir to make oneself noticed
  faire du camping to go camping
  faire du sport to take part in sports
faisait (**faire**) **: il faisait beau** it was
    beautiful weather
fait : en fait in fact
fait (**faire**) **: il fait** he does, he makes
  cela ne se fait pas that just isn't done
  il fait froid (**gris, humide**) it's cold
    (grey, wet) out
fait (*pp of* **faire**) **: elle a fait** she did, she
    made
faites (**faire**) **: vous faites** you do, you
    make
fallait (**falloir**) **: il fallait** it was necessary
falloir to be necessary
familier familiar
familièrement familiarly
famille *f* family
fasse (*subj of* **faire**) **: il faut qu'il fasse...**
    he's got to make . . .
fatigant tiring
fatigue *f* fatigue
fatiguer to tire
faudra (*fut of* **falloir**) **: il faudra** it will be
    necessary
faudrait (*cond of* **falloir**) **: il faudrait peut-
    être que je...** perhaps I ought to . . .
fausse (*f of* **faux**) false
faut (**falloir**) **: il faut** it is necessary, one
    must
faute *f* mistake
faux false
faveur *f* favor
favorisé privileged
favoriser to favor, give special advantage to
Fédération *f* Federation
féminin feminine
femme *f* woman; wife
fendre to split
  c'est à vous fendre le cœur it's
    heartbreaking

fenêtre *f* window
fera (*fut of* faire) : il fera he will make
ferais (*cond of* faire) : je ferais I would do
ferait (*cond of* faire) : ne ferait-on pas mieux ? wouldn't it be better?
ferme *f* farm
fermé (*pp of* fermer) closed
fermer to close
  fermer à clef to lock
feront (*fut of* faire) : ils feront they will make
festival *m* festival
fête *f* feast; holiday
fêter to celebrate
feu *m* fire
feuille *f* sheet of paper
février *m* February
file *f* file, line
  en file in line
fille *f* girl; daughter
  jeune fille *f* girl
film *m* film
filmer to film
fils *m* son
fin *f* end
finalement finally; after all
financier financial
financièrement financially
fini (*pp of* finir) finished
finir to finish
finit (finir) : il finit he finishes
fisc *m* tax collector
flatter to flatter
fleur *f* flower
flexibilité *f* flexibility
flirter to flirt
fluide fluid, flowing
fois *f* time; occasion
  à la fois at the same time
  encore une fois once more
folklore *m* (here) folk tale, myth
fonction *f* : en fonction de as a function of, in relation to
fonctionner to function, work
fond *m* back, bottom
  au fond at the back
fondateur *m* founder
fondation *f* founding
fondé (*pp of* fonder) founded
font (faire) : ils font they make, they do
football *m* football (soccer)
force *f* force; strength
forcer to force
formalité *f* formality
formant (*pres par of* former) forming
formation *f* formation, training

forme *f* shape
  pour la forme just for appearances
former to form
fort strong
  le plus fort the strongest
fortune *f* fortune
fortuné wealthy
fou *m* madman
foule *f* crowd
four *m* oven
fraction *f* fraction
frais, fraîche fresh
frais *m pl* cost, expenses
  au frais de at the expense of
franc *m* franc
français, -aise French
Français *m* Frenchman
France *f* France
frappé struck, struck down
frère *m* brother
friction *f* friction
froid cold
fromage *m* cheese
fruit *m* fruit
fumer to smoke
fureur *f* fury, rage
furieux, -euse mad, furious
furtivement stealthily, furtively
futur future
futur *m* future

g

gagner to gain; to win; to earn
galant gallant, gentlemanly
galanterie *f* gallantry, gentlemanly behavior
gallon *m* gallon
garage *m* garage
garçon *m* boy; waiter
gardé (*pp of* garder) guarded
garder to keep; to remain; to take care of
gardien *m* guardian; attendant
gare *f* station
gars *m* guy (*fam*)
gauche left
  à gauche to the left
gaz *m* gas
gazelle *f* gazelle
général general
  en général generally
général *m* general
généralement generally
génération *f* generation
généreux generous
génie *m* genius
genou *m* knee
gens *m pl* people, folk

gentil nice; kind
gentiment graciously
geste *m* gesture
girafe *f* giraffe
gonflable inflatable
goût *m* taste
gouvernement *m* government
grâce *f* favor; pardon
  grâce à thanks to
grade *m* rank, grade
grammaire *f* grammar
gramme *m* gram
grand tall; large, big; great
Grande-Bretagne *f* Great Britain
grand-mère *f* grandmother
grands-parents *m pl* grandparents
grave grave, serious
grec, grecque Greek
grimper to climb
gris gray
gros, grosse big, large
  en gros roughly speaking
groupe *m* group
guerre *f* war
  Deuxième Guerre Mondiale *f* World
    War II
  Guerre Franco-Prussienne *f* Franco-
    Prussian War
guide *m* guidebook
gymnastique gymnastic
gymnastique *f* gymnastics

h

h (*abbr of* **heures**) : **11 h 30** 11:30
habillé (*pp of* **habiller**) dressed
habiller to dress, clothe
  s'habiller to get dressed
habitant *m* inhabitant, resident
habitation *f* home, dwelling
habiter to live in, inhabit
habitude *f* habit, custom
  d'habitude usually, ordinarily
  j'ai l'habitude I'm used to it
haltérophile *m* weight lifter
haltérophilie *f* weight lifting
haut tall; high
  de haut in height
hauteur *f* height; hill
hélicoptère *m* helicopter
héritage *m* heritage
hésitation *f* hesitation
hésiter to hesitate
heure *f* hour
  à l'heure on time
  140 à l'heure 140 (km) an hour
  de bonne heure early
  sept heures seven o'clock

heureux, -euse happy
hier yesterday
  hier soir last night, last evening
hissé (*pp of* **hisser**) : **il a hissé le
  drapeau** he raised the flag
histoire *f* story; history
historique historical
hiver *m* winter
hockey *m* hockey
Hollande *f* Holland
homme *m* man
honnête honest
honnêtement honestly
honneur *m* honor
honorablement honorably
hôpital *m* hospital
horaire *m* schedule, timetable
horreur *f* horror, loathing
hospice *m* refuge
hospitalité *f* hospitality
hostile opposed
hostilité *f* hostility
hôtel *m* hotel
huit eight
humain human
humiliant humiliating
humour *m* humor
hyène *f* hyena
hymne *m* hymn
hypocritement hypocritically

i

ici here
idéal *m* ideal(s)
idée *f* idea
identité *f* identity
idiot *m* idiot
idole *f* idol
il he; it
il y a there is, there are; ago
  il y a moins de... less than . . . ago
  il y a neuf cents ans 900 years ago
  il y a plus de... more than . . . ago
  il y a quelques générations several
    generations ago
  il y aura there will be
  il y avait there was; there were
île *f* island
illuminer to illuminate
illustrant (*pres par of* **illustrer**) illustrating
image *f* image, picture
imagination *f* imagination
imaginer to imagine
imbécile *m* imbecile
imiter to imitate
immédiat immediate
immédiatement immediately, at once

immense   immense, huge
immeuble *m*   building
imparfait *m*   imperfect (*tense*)
s'impatienter   to lose patience
impénétrable   impenetrable
importance *f*   importance
important   important, considerable
impossible   impossible
impôt *m*   tax
impressionner   to impress
incident *m*   incident
inciter   to induce, urge on
incompréhensible   incomprehensible
inconfortablement   uncomfortably
inconnu   unknown
incroyable   incredible
indépendance *f*   independence
indépendant   independent
indéterminé   indeterminate
indiquer   to indicate
individu *m*   person, individual
individualiste *m*   individualist
individuel   individual
indulgent   lenient
industrie *f*   industry
industriel   industrial
inévitable   inevitable
inextricable   inextricable
inférieur à   less than
infernal   hellish, infernal
influence *f*   influence
influencer   to influence
information *f*   information
informer   to inform
   s'informer   to obtain information
ingénieur *m*   engineer
injection *f*   injection
injustice *f*   injustice
s'inquiéter   to be worried
s'inscrire   to register
inséparable   inseparable
insidieux   insidious
insister   to insist
inspecter   to inspect, search
inspection *f*   inspection
inspiré (*pp of* inspirer)   inspired
instable   unstable
installation *f*   installation (*costs*)
installer   to install
   s'installer   to set oneself up,
      establish one's home or business
instant *m*   instant
institut *m*   institute
insuffisant   insufficient
intellectuel *m*   intellectual
intelligence *f*   intelligence
intelligent   intelligent

intention *f*   intention
interdit (*pp of* interdire)   forbidden
intéressant   interesting
intéresser   to interest
   s'intéresser à   to become interested in,
      take an interest in
intérêt *m*   interest
intérieur *m*   inside
international, internationaux
      international
interprétation *f*   interpretation
interpréter   to interpret, play a role
      (theater)
interrogé (*pp of* interroger)   questioned
interroger   to question
interrompre   to interrupt
inutile   useless
inventer   to invent; to make up
inventeur *m*   inventor
invention *f*   invention
investigation *f*   investigation
investir   to invest
investissement *m*   investment
inviter   to invite
ira (*fut of* aller) : l'une ira   one will go
   tout ira mieux   all will go better
irai (*fut of* aller) : j'irai   I will go
irais (*cond of* aller) : j'irais   I would go
ironique   ironic
irrité   annoyed
isolé (*pp of* isoler)   isolated
Italie *f*   Italy
ivre   drunk
ivresse *f*   drunkenness

j
jaloux, -se   jealous
jamais   ever, never
jambe *f*   leg
jambon *m*   ham
janvier *m*   January
Japon *m*   Japan
jardin *m*   garden
jaune   yellow
je (j')   I
J.-C.   Jesus Christ
jeter   to throw
jeu *m*   game
jeune   young
jeune *m*   a young person
jeune fille *f*   girl
jeunesse *f*   youth
Jeux Olympiques *m pl*   Olympic Games
joignez (*imp of* joindre)   join
joli   pretty, good-looking
joue *f*   cheek
jouer   to play

jouet *m* toy
joueur *m* player
jour *m* day
journal *m* newspaper
journaliste *m or f* journalist
journée *f* day
jugement *m* judgment
juger to judge, decide
juillet *m* July
juin *m* June
jupe *m* skirt
jurer to swear
jus *m* juice
jusque until; up to; as far as
  jusqu'à up to; as far as
  jusqu'ici so far, up to now
juste just, exactly
justement actually
justesse: de justesse just barely
se justifier to be justified

k

kilogramme (kilo) (kg) *m* kilogram
kilomètre (km) *m* kilometer

l

la (l') her, it
là there
  là-bas over there, down there
  c'est là que that's where
  c'est là une... that's a . . .
lac *m* lake
laisser to leave; to let
lait *m* milk
laitier *m* milkman
lampadaire *m* lamppost
Land-Rover Land Rover (*English jeep-like vehicle*)
langue *f* language
larme *f* tear
  en larmes in tears
se laver to wash oneself
leçon *f* lesson
lecteur *m* reader
légalement legally
légende *f* legend
léger, -ère light
légume *m* vegetable
lendemain *m* next day
lent slow
lentille *f* lentil
lequel, laquelle which
lettre *f* letter
leur, leurs their
lever to raise, lift
  le lever du soleil sunrise
  se lever to get up; to stand up

liaison *f* connection; communications; liaison
libéral liberal
libération *f* liberation
libérer to free, liberate
liberté *f* liberty, freedom
libre free; unoccupied
  libre de free to
lieu *m* place, spot
  au lieu de instead of
  avoir lieu to take place; to occur
ligne *f* line
limite *f* limit
limiter to limit
lion *m* lion
lire to read
lis (lire) : je lis I read
lisez (lire) : vous lisez you read
lisez (imp of lire) read
lisible legible, readable
lisiblement legibly
lisons (lire) : nous le lisons we read it
liste *f* list
lit *m* bed
lit (lire) : il lit son journal he reads his newspaper
litre *m* liter
littérature *m* literature
livre *m* book
  livre de classe textbook
livrer to deliver
livreur *m* person who delivers
local, locaux local
locataire *m* tenant
locution *f* expression, phrase
loge *f* dressing room
logement *m* housing
logique logical
loin far (away)
long, longue long; slow
longtemps long, a long time
lors de at the time of
lorsque when
lourd heavy
Louvre *m* Louvre
lu (pp of lire) : j'ai lu I have read
lui to him, or him; to her, of her; he, him
lundi *m* Monday
luxe *m* luxury
  de luxe deluxe
lycée *m* secondary school, roughly equivalent to high school
lyonnais of Lyon

m

m (abbr of mètre) *m* meter(s)
machine *f* machine

machine à laver *f* washing machine
madame *f* ma'am
Madame *f* Mrs.
Mademoiselle *f* Miss
magasin *m* store
magique magic
magnifique magnificent
mai *m* May
maigre thin
main *f* hand
maintenant now
maintenir to maintain
maintiennent (maintenir) : ils
    maintiennent they maintain
mais but
maison *f* house
majorité *f* majority
mal badly
mal *m* pain; disease; trouble; harm
  au plus mal very bad
malade sick
malade *m or f* patient
malheureux, -euse unhappy
malsain *f* unhealthy
maman *f* mama, mom
Manche *f* English Channel
mandat *m* money order
manger to eat
manière *f* manner
manifester to show, display
manque *m* lack
manque (manquer) : il manque un bouton
    à a button is missing from
manquer to lack, miss
manteau *m* coat
manuel manual
manufacturier *m* manufacturer
marchand *m* merchant, dealer
marchandise *f* merchandise
marché *m* shopping; market
marche *f* walking
marcher to walk
  ça marche that works, that's OK
mardi *m* Tuesday
mari *m* husband
mariage *m* marriage
marié (*pp of* marier) married
mariée *f* bride
se marier to marry
marque *f* trademark, brand
marqué (*pp of* marquer) marked
mars *m* March
masculin masculine
masculinité *f* masculinity
masse *f* mass
massif massive
match *m* match, game

matériellement materially, financially
mathématicien *m* mathematician
mathématique mathematical
mathématiques *f pl* mathematics
matin *m* morning
matinée *f* morning
  dans la matinée during the morning
mauvais bad, ill, evil; wrong
maux (*pl of* mal) : maux de gorge sore
    throats
maximum *m* maximum
me (m') me, to me; myself
mécanique *f* machinery
mécanisé mechanized
médical medical
médicament *m* medicine
médecin *m* doctor
médecine *f* medicine (*profession*)
méfiance *f* distrust
meilleur better
membre *m* member
même same; even
mémoire *f* memory
menacer to threaten
ménagère *f* homemaker
mener to lead
menhir *m* menhir, a prehistoric stone
    monument
mental mental
mentionnent (mentionner) : ils
    mentionnent they mention
mer *f* sea
merci thank you
mère *f* mother
mérite *m* merit
mérité (*pp of* mériter) deserved
merveilleux marvelous
message *m* message
messe *m* mass
messieurs *m pl* gentlemen
mesure *f* measure
met (mettre) : on met one puts
métal *m* metal
métaux (*pl of* métal)
méthode *f* method, system
métier *m* trade, profession
mètre *m* meter (slightly more than
    a yard)
Mètro (*abbr of* Métropolitain) *m*
    subway
métronome *m* metronome
mets (mettre) : je mets I put
mettait (mettre) : il mettait he put
mettent (mettre) : ils mettent they put
mettez (*imp of* mettre) put
mettrai (*fut of* mettre) : je mettrai la
    table I will set the table

mettre   to put
  se mettre à   to begin to, start
  se mettre à table   to sit down to eat; to take one's place at the table
  se mettre d'accord   to reach an agreement
meublé   furnished
micro (*abbr of* **microphone**)*m*   microphone
microbe *m*   microbe, germ
midi *m*   midday, noon
le mien, la mienne   mine
mieux   better
milieu *m*   surroundings; middle; milieu
militant   militant
mille   thousand
mille *m*   mile
milliard *m*   billion
millier *m*   about a thousand
million *m*   million
minimum *m*   minimum
  minimum vital *m*   basic minimum
ministre *m*   minister
minorité *f*   minority
minuit *m*   midnight
minute *f*   minute
  la minute de vérité   the moment of truth
miracle *m*   miracle
mis (*pp of* **mettre**) : **elle a mis**   she put
mixture *f*   mixture
Mlle *f*   (*abbr of* **Mademoiselle**)   Miss
Mme *f*   (*abbr of* **Madame**)   Mrs.
mode : à la mode   fashionable
modèle *m*   model
modéré (*pp of* **modérer**)   moderated
moderne   modern
moderniser   to modernize
modernité *f*   modernity
modeste   modest
modestie *f*   modesty
mœurs *f pl*   morals, mores
moi   I, me
moi-même   myself
moins   less
  au moins   at least
mois *m*   month
moitié *f*   half
moment *m*   moment
  à ce moment-là   at that time
  au moment de   at the time of; just as you're about to . . .
monde *m*   world; people; crowd
  du monde   lots of people
  tout le monde   everyone
mondial, mondiaux   world-
monétaire   monetary, financial
moniteur *m*   instructor

monnaie *f*   money; change
monotone   monotonous
monsieur *m*   Mr., Sir, gentleman
mont *m*   mount, mountain
monter   to climb, go up; to get in (*a car, train, etc.*); to install (*tires*)
montera (*fut of* **monter**) : **on montera les voitures**   the cars will be placed
montes (**monter**) : **tu montes**   you mount, climb
montrer   to show
monument *m*   monument, memorial; historical building
se moquer de   to make fun of
moral   moral, mental
morceau *m*   piece, morsel
mordu (*pp of* **mordre**) : **il a mordu**   he bit
mort   dead
mort *f*   death
mort (*pp of* **mourir**) : **il est mort**   he died
  ils sont morts   they died
mot *m*   word
moulin *m*   mill
mourir   to die
moyen   average; medium
moyen *m*   means
moyenne *f*   average
  en moyenne   on the average
moyens *m pl*   the means
multiplier   to multiply
musculaire   muscular
musée *m*   museum
musical   musical
musique *f*   music
mystère *m*   mystery
mystérieux   mysterious
mythe *m*   myth

n
nager   to swim
nageur *m*   swimmer
naissance *f*   birth
natation *f*   swimming
nation *f*   nation
national   national
nationalité *f*   nationality
nature *f*   nature
naturel   natural, unaffected
naturellement   naturally
navigation *f*   navigation
naviguent (**naviguer**) : **ils naviguent**   they navigate
ne   not
  il n'a qu'à demander   he need only ask
  ne... jamais   never
  ne... ni... ni   neither . . . nor
  ne... pas   not

ne... personne no one
ne... plus no more, no longer
ne... que only; nothing but; not until
ne... rien nothing
n'est-ce pas ? isn't that so? right?
né (*pp of* **naître**) : **il est né** he was born
nécessaire necessary
nécessité *f* necessity
nécessitera (*fut of* **nécessiter**) will require
négligeable negligible
négliger to neglect
neige *f* snow; **qu'il neige** whether it is
  snowing
nerveux, -euse nervous
net, nette clear, plain; clean
nettoyer to clean
neuf nine
neuf, neuve new
névrosé *m* (a) neurotic
New York New York
nez *m* nose
ni... ni neither . . . nor
nièce *f* niece
Noël *m* Christmas
noir black
nom *m* name; noun
nombre *m* number
  en grand nombre in large numbers
nombreux numerous
nommer to name, appoint
non no
non-déclaré undeclared
non-mariée unmarried
nord *m* north
normal normal
notation *f* notation
note *f* grade; note
noter to notice
notion *f* notion, idea
notre our
les nôtres ours
nourriture *f* food
nouveau, nouvelle new
  de nouveau again
nouvelles *f pl* news
novembre *m* November
nuit *f* night
numéro *m* number; issue (**d'un journal**,
  etc.)

o

objet *m* object, thing
obligatoire obligatory
obligé obliged
obliger to oblige
observation *f* observation
observer to observe

obstacle *m* obstacle
obstiné obstinate; persistent
occasion *f* opportunity
occupation *f* occupation
occuper to occupy; to take possession of
  s'occuper de to take care of, pay
    attention to
octobre *m* October
odeur *f* odor, smell
œuf *m* egg
œuvre *f* work
offert (*pp of* **offrir**) offered
Office (*m*) **de Tourisme** Tourist Office
officiel official
offre *f* offer
offrent (**offrir**) : **ils offrent** they offer
olympique Olympic
on one, they, somebody
oncle *m* uncle
ont (**avoir**) : **ils ont** they have
  qui ont plus de 64 ans over 64
onze eleven
opération *f* operation
opérer to operate
opinion *f* opinion
or now; well
or *m* gold
oralement orally
orange *f* orange
ordinaire ordinary
ordre *m* order
organiser to organize
organisme *m* office, bureau, committee
orientation *f* direction, positioning
orienter to direct
original original
origine *f* origin, beginning
oser to dare
ou or
  ou... ou either . . . or
  ou bien... ou bien either . . . or
où where; when, that
oublier to forget
ouest *m* west
oui yes
ouvert open
ouvert (*pp of* **ouvrir**) opened
ouverture *f* opening
ouvre (**ouvrir**) : **il ouvre** he opens
ouvrez (**ouvrir**) : **vous ouvrez** you open
ouvrier *m* worker
ouvrir to open

p

page *f* page
paie *f* wages
  jour de paie *m* payday

paiement *m* payment
pain *m* bread
pâle pale
panique *f* panic
pantalon *m* trousers
papa *m* papa, dad
pape *m* pope
papier *m* paper; document
paquet *m* package
par by; per
  par an per year
  par jour each day
  par personne per person
paragraphe *m* paragraph
parc *m* park
parce que because
parcouru (*pp of* parcourir) to cover
  (*distance*)
pardon *m* pardon, forgiveness
pare-choc *m* bumper
  pare-chocs contre pare-chocs bumper
  to bumper
pareil similar
  un pareil test such a test
parents *m pl* parents; relatives
paresseux lazy
parfaitement perfectly
parfois sometimes
parfum *m* perfume
parfumé (*pp of* parfumer) perfumed
se parfumer to perfume oneself, wear
  perfume
parisien, -ienne Parisian
Parisien *m*, -ienne *f* (a) Parisian
parking *m* parking
parlé (*pp of* parler) : nous en avons
  parlé we have spoken about it
parlement *m* legislative assembly
parler to speak
  N'en parlez pas ! Don't even mention
  it!
parole *f* word
pars (partir) : je pars I leave
part *f* part, portion
part (partir) : il part he leaves
partager to share
partent (partir) : ils partent they are
  leaving
partez (partir) : vous partez you leave
parti *m* party; side; choice
parti (*pp of* partir) : il est parti he left
participe *m* participle
particulier, -ière private
  en particulier especially
particulièrement particularly
partie *f* part
partir to start; to leave

partout everywhere
  un peu partout all over the place
paru (*pp of* paraître) (which) appeared
pas not
  de ne pas not to
  ne... pas not
  « pas comme les autres » unlike the
  rest
  pas du tout not at all
pas *m* step
  il fait quelques pas he takes a few
  steps
passage *m* passage
passager *m* passenger
passé *m* past; past tense
passé (*pp of* passer) spent; past
passeport *m* passport
passer to pass; to spend time; to take
  (*exam*); to pass by; to move
  se passer to take place
passif passive
passion *f* passion, craze
se passionner pour to be passionately
  interested in
patience *f* patience
  la patience faite homme patience
  personified
patron *m* boss
pauvre *m* poor
payant (*pres par of* payer) paying
payer to pay, pay for
pays *m* country
péage *m* toll
peine *f* : faire de la peine à quelqu'un to
  hurt someone's feelings
  à peine hardly
  en vaut la peine is worthwhile
peint (*pp of* peindre) painted
peintre *m* painter
pendant during
pénétrer to penetrate, enter
pensait (penser) : il pensait he thought
pensant (*pres par of* penser) thinking
pensée *f* thought
penser to think
perd (perdre) : il perd he is losing
perdre to lose
se perdre to get lost
perdu (*pp of* perdre) : lost
  d'avoir perdu to have lost
  ils ont perdu leur temps they wasted
  their time
père *m* father
période *f* period
permet (permettre) : cela vous permet
  that permits you
  qui permet which enables

permettez (*imp of* **permettre**) : **permettez-moi** permit me

permettra (*fut of* **permettre**) : **il permettra** it will permit

permettrait (*cond of* **permettre**) : **qui lui permettrait** which would permit him

permettre to allow, permit

permis (*pp of* **permettre**) allowed, permitted

permission *f* permission

personalisé personalized

personnage *m* personage, figure; character (*in a play*)

personne *f* person

il n'y a personne there is no one

personne encore au monde n'a... so far no one in the world has . . .

personnel personal; (*m*) personnel

persuader to persuade, convince

peser to weigh

elle ne pesait plus que... now it only weighed . . .

pessimisme pessimism

pessimiste pessimistic

petit(e) small, little

tout petit tiny

peu *m* little; few

peu à peu little by little

un peu plus a little more

peur *f* fear

avoir peur de to be afraid of

peut (**pouvoir**) : **il peut** he can

peut-être perhaps, maybe

peuvent (**pouvoir**) : **ils peuvent** they are able to; they may

peux (**pouvoir**) : **je ne peux pas** I cannot

peux (**pouvoir**) : **tu peux** you can

phénomène *m* phenomenon

philosophie *f* philosophy

photo *f* photograph

photographe *m* photographer

photographier to photograph

phrase *f* sentence

physique physical

piano *m* piano

pièce *f* piece; room

pièce d'identité identification paper

pièce de monnaie coin

pied *m* foot

à pied on foot

pierre *f* stone

pillule *f* pill

pilotage *m* piloting

pilote *m* pilot

femme-pilote *f* woman pilot

pipe *f* pipe

pique-niquer to picnic

pittoresque picturesque

place *f* place, position; space; seat; reservation; village square

placement *m* placement

placer to put

plage *f* beach

se plaindre to complain

se plaint (**se plaindre**) : **il (elle) se plaint** he (she) complains

plaisanter to joke

plaisanterie *f* joke

plaisir *m* pleasure

plaît (**plaire**) : **elle ne plaît pas** she doesn't please

s'il vous plaît please

plan *m* plan

plastique *f* plastic

plat flat

plein full

pleuve: qu'il pleuve whether it is raining

se plonger : **je me plonge dans...** I bury myself in . . .

pluie *f* rain

plupart *f* : **la plupart** most

plus most, more

de plus en plus more and more

en plus moreover

le plus... the most . . .

plus de... que de... more . . . than . . .

plus de place no more room

plusieurs several

plutôt rather

pneu *m* tire

poche *f* pocket

poésie *f* poetry

poète *m* poet

poids *m* weight

point *m* point; period

point de vue point of view

poisson *m* fish

police *f* police

politesse *f* politeness, manners

politique political

politique *f* politics

pomme *f* apple

pont *m* bridge

populaire popular

popularité *f* popularity

population *f* population

port *m* port, harbor

porte *f* door

porte-monnaie *m* change purse

portent (**porter**) : **elles portent** they wear

porter to wear; to carry; to lift

portera (*fut of* **porter**) : **elle portera** she will wear

poser to set; to put down

poser une question to ask a question
positif, -ive positive
position *f* position
posséder to possess
possibilité *f* possibility
possible possible
postal postal
pot *m* pot; jar, can
pour for; in order
  le pour et le contre the pro and con
  pour ce qui est de... as for . . .
  pour la porter ensuite and then take it
  pour que so that, in order that
pourboire *m* tip
pourcentage *m* percentage
pourquoi why
pourra (*fut of* **pouvoir**) : **on pourra** one will be able to
pourrais (**pouvoir**) : **je pourrais** I could
pourrait (**pouvoir**) : **elle pourrait** she would be able to
pourrez (*fut of* **pouvoir**) : **vous pourrez** you will be able to
pourront (*fut of* **pouvoir**) : **ils pourront** they will be able to
poursuivi (*pp of* **poursuivre**) pursued
pourtant yet, however
pousser to grow; to push
pouvaient (**pouvoir**) : **ils pouvaient** they were able to; they could
pouvais (**pouvoir**) : **si je pouvais** if I could
pouvait (**pouvoir**) : **il pouvait** he was able to; he could
pouvez (**pouvoir**) : **pouvez-vous ?** can you?, are you able to?
pouviez (**pouvoir**) : **si vous pouviez** if you could
pouvoir *m* power
  pouvoir d'achat purchasing power
pouvoir to be able to
pratique practical
pratique *f* practice, habit
pratiquer to practice; to exercise
  pratiquer le sport to take part in sports
précéder to precede
précieux, -ieuse precious, valuable
se précipiter to rush
précis precise, exact
prédécesseur *m* predecessor
préférable preferable
préférence *f* preference
préférer to prefer
préférerait (*cond of* **préférer**) : **il préférerait** he would prefer
préhistoire *f* prehistoric age
premier, -ière first

Premier Ministre prime minister
prenant (*pres par of* **prendre**) : **en prenant** while taking
prend (**prendre**) : **on prend** one takes
prendre to take
  prendre une décision to make a decision
prenez (**prendre**) : **vous prenez** you are taking
prennent (**prendre**) : **ils prennent** they take
prenons (**prendre**) : **nous prenons** we take
préoccupation *f* preoccupation
préparer to prepare, arrange; to study for
  se préparer to prepare oneself, get ready
près near
  à peu près about, approximately
  près de almost, nearly; close to
prescrit (*pp of* **prescrire**) prescribed
présence *f* presence
présent present
présent *m* present
  à présent presently
présentation *f* appearance, looks
se présenter to appear
préserver to preserve
président *m* president
presque almost
presse *f* press
prêt ready
prince *m* prince
principal principal, main
printemps *m* springtime
pris (*pp of* **prendre**) : **il a pris** he took
prise *f* capture, seizure
prison *f* prison
privé private
privilégié privileged
prix *m* price
probablement probably
problème *m* problem
prochain next
producteur *m* producer
production *f* production
produit *m* product
professeur *m* teacher
profession *f* profession
professionnel professional
profil *m* profile
profiter to profit
profond deep; vast
programme *m* program
progrès *m* progress, advancement
progresser to progress
progression *f* increase, improvement

progressivement progressively
projectile *m* projectile
promenade *f* walk
  faire une promenade to take a walk
promener to take for a walk
  se promener to take a walk
proportion *f* proportion
proposé (*pp of* proposer) : il a été
    proposé it was proposed
proposer to propose, offer
proposition *f* proposition
propre clean; neat; (one's) own
  leur propre... their own . . .
protection *f* protection
protéger to protect
protester to protest
prouver to prove
province *f* province
provincial provincial
prudent prudent, careful
psychologique psychological
pu (*pp of* pouvoir) : j'ai pu I was able to
public, -ique public
public *m* public; audience
publicitaire ; annonce publicitaire
  advertisement
publicité *f* advertising
publié (*pp of* publier) published
publier to publish
publiquement publicly
puis then, next
  et puis then, too . . .
puisque since, inasmuch as
puissant powerful; wealthy
puits *m* well
puni (*pp of* punir) punished
pur (e) pure

q

qualifié qualified
qualité *f* quality
quand when
  quand-même anyhow, anyway,
  nevertheless
quant à concerning
quantité *f* quantity
quarante forty
quarante-cinq forty-five
quarante-sept forty-seven
quart *m* quarter
  un quart d'heure a quarter of an hour
quartier *m* quarter, district, neighborhood
quatorze fourteen
quatre four
quatre-vingt-cinq eighty-five
quatre-vingt-huit eighty-eight
quatre-vingts eighty

quatrième fourth
que that; than; how; as; what
  qu'est-ce que what
Québec *m* Quebec
Québecois *m* person from Quebec
quel, quelle what, which
  Quel (le)... ! What a . . .!
quelque some; any
  quelque chose something
  quelques... a few . . .
  quelques-uns some people
  quelqu'un someone, somebody;
  anyone, anybody
quelquefois sometimes
question *f* question
  il était question de it was a matter of
questionnaire *m* questionnaire
questionner to question
queue *f* line; tail
qui who; whom; that; which
quinze fifteen
quitter to leave
  Ne quittez pas. One moment, please.
  (*telephone*)
quoi what
  de quoi... enough (*money*) to . . .
  quoi de plus naturel ? what could be
  more natural?

r

race *f* race
raconter to tell, relate
radial radial
radiaux (*pl of* radial)
radio *f* radio
raison *f* reason, ground
  avec raison correctly, justly
  avoir raison to be right
raisonnable reasonable
ranger to tidy up
rapide rapid, fast, swift
rapidement quickly
rappeler to recall; remind
rappelez-vous (*imp of* se rappeler)
  remember
rapport *m* relation, relationship,
  connection
  par rapport à in relation to, compared
  with
rare rare, uncommon, unusual
rarement rarely
réaction *f* reaction
réagir to react
réalité *f* reality
rebondir to bounce
récemment recently
récent recent

recevoir to receive

recevons (recevoir) : nous recevons we receive

recherche *f* research

rechercher to look for

réclame *f* advertising

reçois (recevoir) : je reçois I receive

reçoit (recevoir) : il reçoit he receives
on reçoit one receives

recommander to recommend

reconduire to take (someone) back

reconnaître to recognize, admit

record *m* record (*sports, etc.*)

reçu (*pp of* **recevoir**) **: il a reçu** he received

redescendre to go down again

redeviennent (redevenir) : ils redeviennent they become again

réduction *f* reduction

réduire to reduce, diminish

réduit (*pp of* **réduire**) **: modèle réduit** small-scale model

réellement really

refaites (*imp of* **refaire**) **: refaites cette scène** do this scene again

réfléchir to think over, ponder

réflexion *f* thought

se refroidit (se refroidir) : il se refroidit it cools off

refuser to refuse

regard *m* (a) look, glance

regarder to look at, watch

régiment *m* regiment

région *f* region

régional local, regional

règle *f* rule

règlement *m* regulation

regretter to regret

régularité *f* regularity

régulier regular

régulièrement regularly

relatif relative

relation *f* relation

religieux religious

religieux *m* monk

religion *f* religion

relire to reread

remarquant (*pres par of* **remarquer**) **: en remarquant** remarking

remarquer to notice, observe, note

rembourser to reimburse, pay back

remet (remettre) : remet en place puts back in place

remonter to go up again

remplacer to replace

rémunérer to remunerate, pay

rend (rendre) : il rend visite he visits

rendent (rendre) : ils rendent they make; they render

rendez-vous *m* appointment, date

rendre to give back, return; to render; to make
rendre compte to give an account

rendu (*pp of* **rendre**) rendered; gave

rentrer to return

renverser to knock down

renvoyé (*pp of* **renvoyer**) sent back

réparez (réparer) : vous la réparez you repair it

repartir divide up, spread

repas *m* meal

repasser to take again (*exam*); to pass by again

répondre to answer

réponse *f* answer

se reposer to rest

reprendre to take over; resume

représenter to represent

république *f* republic

réputation *f* reputation

réserve *f* game preserve

réserver to reserve

résidence *f* residence

résider to reside

résister to resist; put up with

respect *m* respect

respecter to respect

respirer to breathe

responsabilité *f* responsibility

responsable responsible

responsables *m pl* the persons in charge

ressembler to look like, resemble
se ressembler to look alike

ressentir to feel

ressource *f* resource

restaurant *m* restaurant

rester to remain

résultat *m* result

résulter to result

résumé *m* summary

retard *m* delay
en retard late

retenait (retenir) : si le gouvernement ne retenait pas if the government didn't withhold

retenu (*pp of* **retenir**) withheld

retour *m* return
sans retour without hope of returning

retourné (*pp of* **retourner**) returned

retourner to return

retraité, -e *m and f* retired person

retrouver to find again, recover, recapture

réunion *f* reunion

réussi (*pp of* **réussir**) succeeded

réussir to succeed
réussite *f* success
rêvé dreamed of
   l'occasion rêvée the perfect
    opportunity
rêve *m* dream
réveille-matin *m* alarm clock
réveiller to awaken
revenir to come back
   de le faire revenir sur to make him
    reconsider
revenu (*pp of* revenir) : son avion n'est
   pas revenu his airplane didn't return
revenus *m pl* income
rêver to dream
reviennent (revenir) : (ils) ne reviennent
   qu'au printemps they don't come back
   until spring
revient (revenir) : il revient he returns
révolution *f* revolution
revue *f* magazine
rhinocéros *m* rhinoceros
rhume *m* cold
riche rich
richesse *f* wealth
ridicule ridiculous
rien nothing
   un rien les fatigue the slightest thing
   tires them out
rire to laugh
   rire au nez de quelqu'un to laugh in
   someone's face
risque *m* risk, danger
rite *m* rite, ceremony
rival *m* rival
rivaux (*pl of* rival)
roi *m* king
rôle *m* role, part
roman *m* novel
romantique romantic
rompre to break; to break off
rond round
rotation *f* rotation
roue : roue de secours spare tire
rouge red
rougeole *f* measles
roulais (rouler) : je roulais I was rolling
   along, I was driving
rouler to roll; to ride
route *f* road, route
   en route on the way
royaliste royalist
rue *f* street
ruiné (*pp of* ruiner) ruined
russe Russian
Russe *m* (a) Russian
Russie *f* Russia

s

sac *m* purse
safari *m* safari
saint *m* saint
saisir to seize
saison *f* season
sait (savoir) : il sait he knows
   il sait écrire he knows how to write
   on sait we know
salaire *m* salary
salle *f* room
   salle à manger *f* dining room
   salle de bains *f* bathroom
   salle de jeux *f* playroom
salon *m* living room
salut Hi!
samedi *m* Saturday
sans (que) without
santé *f* health
   en bonne santé healthy
satisfaction *f* satisfaction
satisfaire to satisfy
sauf except
saura (savoir) : il saura he will know
sauter to jump
   les cours sautent I skip classes
sauvage savage, wild
sauver to save
sauveteur *m* rescuer
savait (savoir) : il savait he knew
savent (savoir) : ils savent they know
savez (savoir) : vous savez you know
savoir to know
savon *m* soap
savons (savoir) : nous savons we know
scandinave Scandinavian
scène *f* scene; stage
   vous faites une scène à you bawl out
science *f* science
scolaire pertaining to school
second second; another
secondaire secondary
secours : roue de secours spare tire
secret secretive; (*m*) secrecy
section *f* section, division
sécurité *f* safety
Sécurité sociale *f* Social Security
seize sixteen
selon according to
semaine *f* week
semblant : faire semblant to pretend
sembler to seem
sens *m* meaning; sense; direction
   sens de l'humour sense of humor
sensibilité *f* sensibility, feeling
sensible sensitive; susceptible
sent (sentir) : elle sent she smells

200

sentent (sentir) : ils sentent bon they smell good

sentez (se sentir) : vous sentez-vous ? do you feel?

sentiment *m* sentiment

sentimental sentimental

sentimentalité *f* sentimentality

sentinelle *f* sentry, sentinel

sentir to feel; to smell

il sent l'alcool he smells of alcohol

se sentir to feel

sentirez (*fut of* sentir) : vous vous sentirez you will feel

séparation *f* separation

séparer to separate

sept seven

septembre *m* September

sera (*fut of* être) will be

seraient (*cond of* être) : ils seraient they would be

serait (*cond of* être) : il serait it would be

sergent *m* sergeant

série *f* series

sérieusement seriously

sérieux, -euse serious

prendre au sérieux to take seriously

seront (*fut of* être) : ils seront they will be

sert (servir) : il sert he serves

se sert (se servir) : on se sert de savon one uses soap

servait (servir) : il servait it served

servent (servir) : ils servent they serve

servez (se servir) : vous vous servez you use

servi (*pp of* servir) : il a servi he served

service *m* service

servir to serve

qui nous servaient de which we used as

seul alone, only

les seuls the only ones

seulement only; even

sévère strict

sévèrement severely

sévérité *f* strictness; austerity

sexe *m* sex

sexuel sexual

si if; so, so much

siècle *m* century

signaler to indicate

signe *m* sign

signer to sign

signification *f* meaning

signifier to signify, mean

silence *m* silence, quiet

Simca *f* a French car

chez Simca at the Simca plant

similaire similar

simple simple

simplement simply

sirène *f* siren

site *m* site, location

situation *f* situation; predicament, plight; job

situer to locate

six six

ski *m* ski

faire du ski to ski

skier to ski

skieur *m* skier

snack-bar *m* quick lunch counter

sobriété *f* sobriety

social social

société *f* society

sœur *f* sister

sofa *m* sofa

soi oneself

soin *m* care

les premiers soins first aid

soir *m* evening

soirée *f* evening; evening party

soit (*subj of* être) : que ce soit whether it be

soixante sixty

soixante-cinq sixty-five

soleil *m* sun

solitaire solitary, alone

solitude *f* solitude

solliciter to solicit, court

solstice *m* solstice (*when the sun is farthest north or south of the equator*)

solution *f* solution

somme *f* sum; amount

sommeil *m* sleep

sommes (être) : nous sommes we are

son his, her, its

sondage *m* poll

sonder to poll, sound out

sonner to ring

sonnette *f* bell

sont (être) : ce sont they are

soporifique sleep-inducing

sort (sortir) : on sort one goes out, comes out

sortait (sortir) : il sortait de la ville he went out of the city

sorte *f* kind, type

sortent (sortir) : ils sortent they get out

sorti (sortir) : je suis sorti I went out

j'ai sorti la bûche I took the log out

sortie *f* exit

sortir to go out; to take out; to get out (*of a car, etc.*)

sortira (*fut of* sortir) will emerge

on sortira we'll go out
soulever to lift
soupe f soup
source f source
sourire m smile
sourire to smile
sous under
  sous-développement m
    underdevelopment
  sous-directeur m assistant director
soutenir to support
souterrain underground
souvenir m memory
se souvenir (**de**) to remember
souvent often
souviens (**se souvenir**) : **je me souviens**
  (**de**) I remember
spécial special
spécialement especially
spécialiste m specialist
spécialité f specialty
spécifiquement specifically
spectateur m spectator
sport m sport
sportif sporting, sports-loving
station f station
  station service gas station
  station terminale terminus
stationnement m parking
stationner to park
statistique f statistics
stérilisé (*pp of* **stériliser**) sterilized
stratégiste m strategist
stupéfait astounded, stunned
stupide stupid
style m style
subir to submit to, undergo
substance f substance
substantif m noun
subterfuge m evasion, dodge
subtilité f subtlety
subventionner to subsidize, support
  financially
succès m success
sud m south
sud-est m southeast
sud-ouest m southwest
suffiront (*fut of* **suffire**) will suffice (*pl*)
suffisant sufficient, enough
suffisent (**suffire**) : **ils suffisent** they
  suffice
suffit : **il suffit** it is enough
suggérer to suggest
suggestion f suggestion, hint
suis (**être**) : **je suis** I am
Suisse f Switzerland
suit (**suivre**) : **il suit** he follows

suivant next, following; according to
suivez (*imp of* **suivre**) follow
suivi (*pp of* **suivre**) followed
  le plus suivi the most popular
suivre to follow
  suivre des cours to take courses
sujet m subject, topic
  au sujet de concerning, as for
supérieur superior
supermarché m supermarket
supplémentaire supplementary
supporter to put up with
supposer to suppose
suprême supreme
sur on; out of (*fractions*)
  un sur deux one out of two
sûr sure, certain
sûrement surely
surface f surface; area
surplus m surplus
surpris (*pp of* **surprendre**) surprised
surprise f surprise
surtout particularly, especially, above all
surveiller to watch over, to supervise
suspect m suspect
suspicion f suspicion
symbole m symbol
symboliser to symbolize
sympathique sympathetic, nice, likeable
symptôme m symptom
synonyme m synonym
système m system

t
tabac m tobacco
table f table
  à table at the table, seated around the
    table
tableau m painting
tâche f task
  à la tâche on the job
se taire to be or become silent
talc m talcum powder
talent m talent
tandis que while
tant so many
tante f aunt
tard late
  plus tard later
tartine f *slice of bread with butter, jam, etc.*
tasse f cup
taverne f tavern
taxi m taxi
te (**t'**) you, to you
technique technical
technique f technique
tel, telle such, like

télé (*abbr of* **télévision**) TV
télégraphe *m* telegraph
télégraphique by telegraph
téléphone *m* telephone
téléphoner to telephone
téléphonique by, on the telephone
téléspectateur *m* television viewer
télévision *f* television
tellement so much, so
tempérament *m* temper, disposition
température *f* temperature
temps *m* time
  de temps en temps from time to time
  en même temps at the same time
tendance *f* tendency
  avoir tendance à to have a tendency to
tenir to hold
tente *f* tent
tenu (*pp of* **tenir**) held
terminale : station terminale terminus
terminer to finish
terrain *m* ground, site
terre *f* earth
  par terre on the ground
terreur *f* terror
terrible terrible, awful
terrifiant terrifying
test *m* test
testez (*imp of* **tester**) test
tête *f* head
  de tête in your head
texte *m* text
théâtre *m* theater
thème *m* topic
théoriquement theoretically
ticket *m* ticket; receipt
tic-tac tick-tock
le tien, la tienne yours
se tiennent (**se tenir**) **: ils se tiennent** they
  stand
tient (**tenir**) **: il tient** he holds
timide timid, shy
tirer to pull out
titre *m* title
toi you
toilette *f* washing; dressing; grooming
tomate *f* tomato
tomber to fall
tôt early
total total
totalement completely
toujours always
tour *m* turn
  au troisième tour the third time around
Tour Eiffel *f* Eiffel Tower
tourisme *m* tourism
touriste *m* tourist

touristique tourist
tourmentez (**se tourmenter**) **: vous ne vous
  tourmentez pas** you don't worry
tournée *f* round, tour
tourner to turn
tournure *f* construction
tous (*m pl of* **tout**)
  tous les ans every year
tous everybody, all of us, all of them
tout all; every
  à tout moment at any time
  tout de suite at once, immediately
  tout droit straight ahead
  tout le monde everyone
  tout le temps constantly
tout *m* everything
toute (*f of* **tout**)
  de toute leur vie in their whole life
toutefois however
toutes (*f pl of* **tout**)
tradition *f* tradition
  par tradition traditionally, by tradition
traditionnel traditional
tragédie *f* tragedy
train *m* train
  être en train de to be in the process of
traité (*pp of* **traiter**) **: j'avais traité** I had
  discussed
tranquille quiet, calm, still
tranquillisant *m* tranquilizer
transatlantique transatlantic
transformer to transform
transistor *m* transistor
transporter to transport
transposition *f* change in the order of
  words
travail *m* work
travailler to work
travaux (*pl of* **travail**)
traversé (*pp of* **traverser**) **: après avoir
  traversé** after having crossed
traversée *f* crossing
traverser to go through; to cross
treize thirteen
tremblant (*pres par of* **trembler**) **: (en)
  tremblant** trembling
trente thirty
très very
triomphant triumphant
triomphe *m* triumph
triompher to triumph
triste sad, gloomy
trois three
troisième third
trop too, too much, too many
troublant (*pres par of* **troubler**) disturbing
trouver to find

se trouver to be; to be located; to find oneself

trouveront (*fut of* **trouver**) : **elles trouveront** they will find

tu you

tué (*pp of* **tuer**) killed

tunnel *m* tunnel

type *m* fellow, guy (*fam*)

typique typical

u

ultra-moderne ultramodern

un *m* one; a, an

    les uns sur les autres piled on top of each other

uniforme *m* uniform

union *f* union

université *f* university

urgence *f* urgency

urgent urgent

usine *f* factory, plant

utile useful

utilisé (*pp of* **utiliser**) utilized

utiliser to use, utilize

v

va (**aller**) goes; is going to

    va être will be

    ça va mieux I'm feeling better

vacances *f pl* vacation

vain vain, fruitless

    en vain in vain

vais (**aller**) : **je vais** I go; I am going to

vaisselle *f* dishes

    faire la vaisselle to wash the dishes

valait : il valait mieux it would be a good idea

valeur *f* value

valise *f* suitcase

vallée *f* valley

vas (**aller**) : **Comment vas-tu ?** How are you?

vaste vast, large

vaut (**valoir**) : **il vaut** it is worth; it is as good as

    l'effort en vaut la peine the effort is worthwhile

véhémence *f* vehemence

véhicule *m* vehicle

veille *f* eve

venaient (**venir**) : **ils venaient** they came

venait (**venir**) : **il venait** it came, he came

vendait (**vendre**) : **il vendait** he sold

vendeur, -euse *m and f* salesperson

vendre to sell

vendredi *m* Friday

vendu (*pp of* **vendre**) sold

venez de (**venir de**) : **vous venez de finir** you have just finished

vengeance *f* revenge

venir to come

venir de to have just

venu (*pp of* **venir**) : **il est venu** he came

verbal verbal

verbe *m* verb

vérifier to verify

vérité *f* truth

    en vérité actually, in reality

verra (*fut of* **voir**) : **il la verra** he will see it

verre *m* glass

vers toward

vert green

vertu *f* virtue

vestiaire *m* dressing room

veston *m* jacket

vêtement *m* article of clothing

vêtements *m pl* clothes

vétérinaire *m* veterinarian

veulent (**vouloir**) : **ils veulent** they wish, they want

    ils veulent bien they are willing

veut (**vouloir**) : **il veut** he wants

    ce qu'on veut whatever one wants

veut dire (**vouloir dire**) : **qui veut dire** which means

veuve *f* widow

veux (**vouloir**) : **je veux** I wish, want

viande *f* meat

victime *f* victim

victoire *f* victory

victorieux victorious

vide empty

se vider to empty out

vie *f* life

    vie de bohème bohemian life

vieillard (**e**) *m and f* old man (woman)

vieille (*f of* **vieux**) old

vieille *f* old woman

vieillesse *f* old age

vieillir to get older

viendra (*fut of* **venir**) : **ce jour viendra** this day will come

viendront (*fut of* **venir**) : **ils viendront** they will come

viennent (**venir**) : **ils viennent** they come

vient (**venir**) : **il vient** he comes, it comes

vieux (**vieil**), **vieille** old

vieux *m* old man

vif, vive lively, quick

vigoureusement vigorously

village *m* village

ville *f* town, city

vin *m* wine
vingt twenty
violent violent
violon *m* violin
violoniste *m or f* violinist
viril virile, manly
virilité *f* virility, manliness
visage *m* face
visitant (*pres par of* visiter) visiting
visite *f* visit, call
visiter to visit
visiteur *m* visitor
vital vital
vitamine *f* vitamin
  à la vitamine C containing vitamin C
vite rapid, fast; quickly, rapidly
vitesse *f* speed
  en vitesse quickly
vitré made of glass
vivaient (vivre) : ils vivaient they lived
vivant alive
vivent (vivre) : ils vivent they live
vivons (vivre) : nous vivons we live
vivre to live
vivrez (*fut of* vivre) : vous vivrez you will
  live
vivront (*fut of* vivre) : ils vivront they will
  live
vocabulaire *m* vocabulary
vodka *f* vodka
voici here is
  voici comment here is how
voient (voir) : ils voient they see
voilà behold; that's (it)
  voilà plus de 40 ans que for more than
    40 years
voir to see
vois (voir) : tu vois you see
voisin *m* neighbor
voit (voir) : il me voit he sees me
voiture *f* car
voix *f* voice
vol *m* theft; flight
voler to steal
voleur *m* thief
vont (aller) : ils vont they go
voter to vote
votre your
le vôtre yours
voudra (*fut of* vouloir) : il voudra he will
  wish

voudraient (*cond of* vouloir) : ils
  voudraient bien they would like very
  much
voudrais (*cond of* vouloir) : je voudrais
  devenir I would like to become
voudrait (*cond of* vouloir) : elle voudrait
  être she would like to be
voudriez (*cond of* vouloir) : voudriez-vous
  visiter ? would you like to visit?
voulaient (vouloir) : elles voulaient they
  wished, they wanted
voulais (vouloir) : je voulais I wanted to
voulait (vouloir) : il voulait he wished
voulez (vouloir) : vous voulez you want,
  you wish
voulions (vouloir) : nous ne voulions
  pas we didn't wish to
vouloir to want
  vouloir bien to be willing
  vouloir dire to mean
voulons (vouloir) : nous voulons we wish
voulu (*pp of* vouloir) : j'ai voulu I wished
  to
vous-même yourself
voyage *m* trip
voyager to travel
voyageur *m* passenger; traveler
voyez (voir) : vous voyez you see
vrai true
  à vrai dire to tell the truth, actually
vraiment truly, really
vu (*pp of* voir) : il a vu he saw
  ils l'ont vue they have seen her
vue *f* view
  vue d'ensemble overall view

w

wagon-restaurant *m* dining car
whisky *m* whisky

y

y there
  il y a ago; there is, there are
yaourt *m* yogurt
yeux *m pl* eyes

z

zèbre *m* zebra
zéro *m* zero
zoo *m* zoo
zoologique zoological

photo credits and copyright acknowledgments

FRONT COVER:
Top: Paul Pimsleur
Middle left: Lynda Gordon
Middle right: Photo Jarnaux / *Paris Match*
Bottom: Marc Riboud, Magnum Photos, Inc.

BACK COVER:
Top: Air France Photo
Middle: Clara Spain
Bottom left: Paul Pimsleur
Bottom right: Bernard Charlen, © *L'Express*, Paris

---

xviii: Paul Pimsleur
3, 4, 5: Jacques Charmoz
8: Keystone Press Agency
9: Top and left, Courtesy of Relations extérieures du Château de Thoiry; bottom, Paul Pimsleur
10: Courtesy of Relations extérieures du Château de Thoiry
20: Wide World Photos, Inc.
23, 24: Courtesy of Sadiep (société d'alimentation diététique infantile et puériculture)
25: Harbrace Photo
28: New York Public Library, Theatre Collection
29: Franco-London Films, S.A.
32, 33: Fauvea Photo, Inc., Québec
37: Courtesy of United States Information Service
40, 41: Reproduced by permission of Idéréa, agence de press, Paris
44: Paul Pimsleur
46, 47: Photo Jarnaux / *Paris Match*
50: Air France Photo
52: Henri Cartier-Bresson, Magnum Photos, Inc.
54: Reproduced by permission of Idéréa, agence de presse, Paris
57: Tim
59: Paul Pimsleur
62, 63: Courtesy of Publicis, Paris
69, 70: French Government Tourist Office
77: Courtesy of Chanel
79: Harbrace Photo

84: Harcourt Brace Jovanovich, Inc.
87: From *The Little Prince* by Antoine de Saint-Exupéry, copyright, 1943, by Harcourt Brace Jovanovich, Inc.; renewed, 1971, by Consuelo de Saint Exupéry. Reproduced by permission of the publishers.
89: Roger-Viollet, Paris
93: Paul Regard, Galliphot, Paris
96: Harbrace Photo
98, 99: Reproduced by permission of Idéréa, agence de presse, Paris
101: Georges Kelaidites, *Elle*-Scoop
103: Sygma
111: Harbrace Photo
112: Richard Phelps Frieman
113: Lynda Gordon
114: Editorial Photocolor Archives
118: Sygma
123: Le Tac / *Paris Match*
124, 127: Courtesy of Michelin et Cie
132: Harbrace Photo
133: Editorial Photocolor Archives
137: Marc Riboud, Magnum Photos, Inc.
138: Paul Pimsleur
139: Air France Photo
143: Olivier Villeneuve, Gamma, Paris
147, 148, 151: Bernard Charlen, © *L'Express*, Paris
154: Clara Spain
159, 160, 161, 163: Paul Pimsleur
167: Clara Spain
170: Jacques Haillot, © *L'Express*, Paris

Original illustrations and pictorial glosses by Ed Malsberg.

E 8
F 9
G 0
H 1
I 2
J 3
4